사장님이여
회계하라

사장님이여 회계하라

초판 1쇄 인쇄 2025년 4월 24일
초판 1쇄 발행 2025년 5월 8일

지은이 윤정용
펴낸이 최순영

출판2 본부장 박태근
경제경영 팀장 류혜정
디자인 THISCOVER

펴낸곳 ㈜위즈덤하우스 **출판등록** 2000년 5월 23일 제13-1071호
주소 서울특별시 마포구 양화로 19 합정오피스빌딩 17층
전화 02) 2179-5600 **홈페이지** www.wisdomhouse.co.kr

ISBN 979-11-7171-422-3 03320

사장님이여 회계하라

돈 남기는 장사의 비결

윤정용 지음

위즈덤하우스

장사도 회계도 몰랐던 한 문과생이 있었습니다. 그는 두려움 대신 '기록'과 '분석'을 했고, '회계 시스템'에서 해답을 찾아냈습니다. 《사장님이여 회계하라》는 그 문과생이 거쳤던 시행착오, 그리고 그 과정에서 얻은 통찰의 결과물입니다.

이 책은 단순한 회계 입문서가 아닙니다. 자영업이라는 어려운 현실 속에서 사장님들이 숫자라는 무기를 들고 살아남을 수 있게 해줄, 또 그저 생존하는 것뿐 아니라 꾸준한 성장과 최고의 매출을 만들어가게 해줄 살아 있는 전략서입니다.

숫자가 두려운 분도 괜찮습니다. 이 책을 한 페이지 한 페이지씩 넘기다 보면, 저자에게 그랬듯 사장님들에게도 숫자는 어느새 매일 찾게 되는 든든한 장사 파트너가 되어 있을 겁니다. 일반적인 식당 주인이 아닌, 비즈니스 오너로서의 삶을 살고 있는 자신의 모습도 발견할 수 있을 테고요..

— 권용규(배달의민족 상무, 사장님비즈니스성장센터장)

저도 돈을 벌기 위해 자영업을 시작했습니다. 그런데 기대와 달리 현실은 냉혹해, 개업 3년이 지난 시점에선 이익은 없는데 몸은 망가지고 마음까지 지치더군요. 어려운 상황을 극복하고 싶어 그때부터 재무제표를 만들고 손익계산을 시작했는데, 그러자 매장은 놀라운 속도로 흑자를 기록해나갔습니다. 이 책은 매장을 운영하기 전, 또 운영하면서 이익을 목표로 하신다면 꼭 필독해야 할 필수 지침서입니다.

— 서재일('제일면옥' 사장님)

숫자 앞에만 서면 작아지는 사장님들을 끊임없이 만나왔습니다. 그런 분들이 윤정용 저자의 강의를 통해 '회계는 몰라서가 아니라 어려워서 피했던 것'임을 깨닫고 달라지는 모습도 수없이 보았습니다. 이 책은 그 변화의 순간을 누구나 경험할 수 있도록 만든, 사장님을 위한 가장 현실적인 회계 입문서라고 생각합니다. 사업을 숫자로 읽고 싶은 모든 사장님께 꼭 추천드립니다.

— 송주영(아이디어스 작가성장셀 리더)

벌긴 버는데 통장에 돈이 남지 않는 4년을 보냈습니다. 개선할 방법을 몰라 직접 부딪치고 돈을 까먹으며 배웠죠. 그때 이 책을 만났다면 어려웠던 그 시기를 빠르게 탈출했을 것입니다. 체계적으로 숫자를 다루는 것이 어려운 사장님들은 《사장님이여 회계하라》를 통해 보다 쉬운 손익관리 방법을 익힐 수 있습니다. 저자가 실제로 장사를 해본 경험 덕에 이 책에는 실전 이야기가 가득하고,

손님의 마음을 얻으면서 이익은 극대화할 수 있는 구체적 방법까지 제시해줍니다. 장사해서 돈을 벌고 싶은 사장님들께 '무조건 읽어야 하는 책' 1순위로 강력 추천합니다. 돈 벌기 싫은 사장님은 읽지 마세요!

— 우상희('대디스바베큐' 사장님)

사업을 10년 넘게 하는 동안 왜 돈이 남지 않았는지, 그 이유를 이 책을 통해 비로소 깨달았습니다. 장사에는 감도 필요하지만, 결국 답은 숫자에 있더군요. 특히 외식업 사장님들이라면 이 책을 꼭 한번 읽어보세요. 회계는 내 가게의 진짜 모습을 보여주는 진실된 리뷰 별점과 같습니다. 그간 "나는 숫자에 약해서…" 하며 회계를 미뤄두신 분들도 걱정하지 마세요. 이 책에는 회계를 몰라도 장사는 잘하고 싶은 사장님들이 당장 활용할 수 있는 실전 회계가 가득합니다.

— 윤혁진('끄트머리집', '잼잼칩스' 사장님)

10년간 외식업에 매달려도 왜 통장은 늘 '텅장'이었을까? 이 책을 펼치고 나서야 어디서 이익이 나고 어디서 돈이 새고 있었는지 비로소 보이기 시작했습니다. 분주하게 일해도 손에 남는 게 없던 이유, 이 책이 명쾌하게 알려줍니다. 회계는 복잡한 숫자가 아니라 장사의 본질을 꿰뚫는 가장 확실한 무기였습니다. 수익과 지출의 흐름을 제대로 이해하는 순간, 진짜 '돈 버는 장사'가 시작됩니다.

《사장님이여 회계하라》는 모든 자영업자가 반드시 읽어야 할, 통장을 행복으로 채워줄 책입니다.

— 이대현('대팔이네' 사장님)

한동안 탕후루가 엄청난 인기를 끌며 프랜차이즈 매장도 많이 생겼는데, 요즘은 많이 눈에 띄지 않는 것 같습니다. 저도 잠시나마 탕후루 프랜차이즈에 관심이 생겨 한 업체 사이트에 들어가 창업비용을 살펴본 적이 있습니다. 임대료를 제외한 시설비, 인테리어비 등 견적이 비교적 자세히 나와 있었는데, '별다른 시설이 들지 않을 테니 창업비도 저렴할 것'이라는 예상과 달리 꽤 높았던 창업비용에 놀랐던 기억이 납니다. 그 정보들을 바탕으로 한 달 운영비를 포함해 이익을 계산해봤더니 상당히 많은 개수의 탕후루를 판매해야 하겠더군요. 탕후루의 인기가 계속 이어진다면 괜찮겠지만, 인기가 조금만 꺾여도 손실이 나올 수밖에 없는 수익 구조라는 결론을 내릴 수 있었습니다.

저는 사업에 있어 경영자의 직관만큼 중요한 것이 숫자에 대한 이해라고 생각합니다. 윤정용 저자 본인이 실제 자영업을 하는 사장님이기에, 《사장님이여 회계하라》는 사업가가 필수적으로 알아야 하는 숫자에 대한 이야기를 친절하고 자세하게 들려줍니다. 이 책을 옆에 두고 차분히 읽는다면 절대 망할 수 없는 회계 마인드로 무장한, '회계하는 사장님'이 될 수 있을 겁니다. 현재 사업체를 운영 중인 사장님들, 퇴직 후 사업을 하려는 직장인들이라면 꼭 한번 읽어보기를 권유합니다.

— 이재홍(공인회계사,《하마터면 또 회계를 모르고 일할 뻔했다》공저자)

이 책을 읽는 내내 지금 힘든 시기를 보내는 자영업자를 위한 윤정용 저자의 따뜻한 마음을 알 수 있었습니다. 장사를 하면서 바쁘기도 하고, 회계에 대한 기초 지식도 없어서 매출은 내지만 이익을 못 내는 사장님들은 이 책에서 큰 도움을 받을 수 있을 겁니다. 윤정용 저자는 오랜 기간 연구한 지식과 본인이 직접 겪으면서 쌓은 장사 내공으로 자영업자 눈높이에 맞춰서 가장 쉽고 재미있게 이 책을 썼습니다. 이 책은 끝까지 읽고 실행만 하면 성공의 길로 가도록 안내해줍니다.

— 이종택('개성손만두' 사장님,《진심을 대접합니다》저자)

"오래 장사했지만, 나는 왜 돈이 모이지 않을까?" 이 질문에 처음 답을 찾게 해준 책이《사장님이여 회계하라》입니다.

14년동안 요식업 장사를 하면서 매출은 나쁘지 않았습니다. 그런데 왜 돈이 모이지 않는지는 알 수 없었습니다. 가게와 집만 오가는 단조로운 삶 속에서, 보상심리로 소비는 늘고 통장은 늘 비어 있었죠. 지금 생각하면, 저는 '회계'라는 걸 전혀 몰랐던 겁니다. 솔직히 말해 '회계는 나하고 무슨 상관이야. 그냥 열심히 장사만 하면 되지'라고 생각했습니다. 수입과 지출을 점검해본 적도 없었고, 돈의 흐름을 관리한다는 개념 자체가 없었습니다. 통장에 돈이 들어오면 쓰고 남은 게 저의 이익과 잔고였습니다.

하지만 윤정용 저자의 책과 강의를 접한 뒤, 저는 50년 인생 처음으로 수입과 지출을 제대로 들여다보게 되었습니다. 소비를 통제하고 돈의 흐름을 정리하면서 점차 돈이 모이기 시작했고, 그렇게 모인 돈이 제게 '투자 수익'까지 안겨주고 있습니다.

예전 소비가 많던 시절엔 열심히 일했지만 돈은 제 손을 빠져나가기만 해서 삶에서 즐거움과 보람이 없었습니다. 하지만 지금은 오히려 절제 속에서 더 큰 희망을 품게 되었습니다. 무엇보다 회계를 모르던 시절엔 불경기 뉴스만 봐도 가슴이 철렁했는데, 이제는 불경기조차 기회로 바라보게 되었습니다. 이 모든 변화는 윤정용 저자의 통찰력 있는 강의와 책 덕분입니다.

자영업 사장님이라면 이 책은 반드시 읽어야 합니다. 왜냐하면 이 책은 가게에 매몰되어 있는 사장님이 돈을 제대로 관리하고 불릴 수 있게 해줍니다. 같은 시간 동안 장사를 하더라도 10년 후 사장님이 더 부유하고 단단한 삶을 살 수 있도록 실천 가능한 방향을 제시해줍입니다. 그리고 무엇보다, 미래를 두려움이 아닌 희망으로 준비할 수 있게 만들어주는 책이니까요.

장사를 오래 하고 싶은 분, 매출만 올리는 것에 그치지 않고 돈을 지키고 불리고 미래를 준비하고 싶은 사장님들께 이 책을 추천합니다.

— 조용환('만경상회' 사장님)

차례

1장   회계하는 사장님만이 살아남는다

2장   생존등식으로 사업의 관점을 바꿔라

3장 손익계산서로 내 가게의 숫자를 읽다

4장 가게를 살리는 생존이익률의 마법

5장 생존력을 높이는 심플한 회계 시스템 구축하기

6장 매출은 키우고 비용은 줄이고! 이익을 쭉쭉 늘리는 비법

7장 성공하는 사장님이 되기 위한 실전 회계 전략

자영업 지옥에서
회계로 살아남기

열 명 중 아홉 명이 망한다는 자영업 지옥,
회계 시스템으로 살아남다

장사를 한 번도 해본 적 없는 제가 서울에서도 치열한 상권으로 꼽히는 종각역에서 가게를 열었습니다. 주변에는 유명 프랜차이즈와 대기업 직영점을 포함해 무려 20개 이상의 가게가 문을 닫았습니다. 심지어 축구장 절반 크기의 전국 최대 스타벅스 매장이 제 가게 위층에 들어왔죠.

하지만 제 가게는 살아남았습니다. 그뿐 아니라 오픈 초기보다 매출이 두 배로 증가했고, 일평균 최고 매출을 갱신하며 성장하고 있습니다.

열 명 중 아홉 명이 망한다는 자영업 지옥에서 제가 살아남은 비결은 바로 '회계 시스템'에 있었습니다.

숫자로 사업의 실태를 알면 답이 보인다

가게를 오픈하고 처음에는 금방 부자가 될 줄 알았습니다. 손님은 계속 늘고, 포스 단말기에는 매일 결제금액이 찍혔으니까요. 하지만 어느 날, 매출은 늘었는데 통장 잔고가 줄어드는 걸 보고 등골이 오싹했습니다. 뭔가 잘못됐다는 생각에 손익계산을 해보니, 오픈 날부터 적자를 보고 있었던 겁니다. 물론 저의 이런 불안한 직감이 로또에는 안 통하더라고요.

적자의 원인을 분석해보니 문제는 명확했습니다. 사업으로 얼마를 벌고, 얼마를 쓰고, 얼마를 남겼는지 전혀 모르는 상태였던 겁니다. 기업에서 회계 업무를 했고 회계 입문서까지 쓴 제가 사업의 숫자를 방치하고 있었다니, 한심했죠.

문제는 바쁘다는 핑계와 '오픈빨'에 취해 매출만 보고 중요한 숫자를 외면한 것이었습니다. 매출이 늘어나니 괜찮겠지 하는 안일한 태도가 문제였죠.

회계 시스템이 문제를 해결하다

정신을 차리고 가장 먼저 한 일은 회계 시스템을 구축하는 것이었습니다.

- 매출, 비용, 현금흐름 등 가게에 들어오고 나가는 모든 돈의

흐름을 매일 기록했습니다.

- 포스 단말기, 통장 입출금 내역, 영수증 등을 확인하며 구체적으로 손익계산서를 작성했습니다.
- 매일 마감 후 일매출과 비용, 현금흐름을 기록하며 실시간으로 손익과 현금 상황을 점검했습니다.
- 월말에는 손익과 현금증감액을 분석해 흑자를 내겠다는 목표를 세우고, 이를 실행했습니다.

결과적으로 저는 적자 상태에서 흑자로 전환할 수 있었고, 최고 매출 기록을 갱신했으며, 생존을 넘어 성장까지 이루었습니다.

얼마를 버느냐보다 얼마를 남기느냐가 중요하다

많은 사장님들이 포스 단말기에 찍힌 매출만 보고 사업의 상태를 판단합니다. 하지만 매출이 아무리 커도 비용을 관리하지 못하면 남는 돈이 없습니다.

사업에서 가장 중요한 것은 "얼마를 벌었느냐"가 아니라 "얼마를 남겼느냐"입니다.

회계에서는 이 남은 돈을 이익이라고 부르며, 이익을 관리하는 것이 사업의 생존과 성공의 핵심입니다. 이를 위해서는 숫자로 사업의 상태를 정확히 파악하는 회계 시스템이 필수적입니다. 회계 시스템은 실시간으로 사업의 상태를 보여주고, 문제를 신속히 파악할 수 있도록 도와주기 때문이죠.

이 책이 필요한 사장님들

이 책은 다음과 같은 분들을 위해 준비했습니다.

- 사업의 숫자를 몰라 답답함을 느끼는 사장님
- 숫자로 사업을 관리하고 싶은데 어디서부터 시작해야 할지 모르는 분
- 생존과 성장을 위해 회계 시스템을 직접 구축하고 싶은 분
- 손익관리 비법을 배우고 싶은 현직 및 예비 사장님

책을 준비하는 과정에서 저는 실제 사장님들을 초대해 강의를 진행했고 그들의 냉혹한 피드백을 반영했습니다. 회계를 전혀 몰라도 누구나 쉽게 따라 할 수 있는 책을 만들고자 노력했습니다.

제가 해냈으니, 사장님도 할 수 있습니다

참고로 저는 회계를 전공하지 않았고, 숫자 공포증이 있던 문과생이었습니다.

삼성 에스원에 입사해 재무팀으로 배치를 받아 맨땅에 헤딩하듯 회계를 몸으로 배웠습니다. 시말서를 쓰고, 창고에 끌려가서 혼난 적도 많았습니다. 하지만 그 과정을 통해 배운 회계는 제게 새로운 기회를 열어주었습니다. 지금은 회계 책을 쓰고, 강의를 하고, 유튜브 채널을 운영하며 많은 사장님들을 돕고 있으니까요.

이 책은 오프라인 사장님들뿐 아니라 온라인 판매를 하는 사장

님들에게도 도움을 줄 것입니다.

사장님, 이제 숫자로 가게를 관리하세요.
회계 시스템은 탄탄한 수익성과 건강한 현금흐름을 만들어내고, 생존을 넘어 성장을 이끌어냅니다.

이제 저와 함께 회계를 시작해보시죠!

사장님이여, 회계하라!

1장

회계하는 사장님만이 살아남는다

"낡은 지도를 가지고
새로운 세상을 탐험할 수는 없다."

– 알베르트 아인슈타인 Albert Einstein

1 회계는 지도다

전투부대를 이끄는 장교가 있습니다. 적진 침투를 위해 공중낙하 작전을 수행했고, 무사히 착륙했습니다. 이제 부대원들을 모아 적진을 공격하려는 순간!

"여기가 어디여?"

장교가 지도를 읽지 못하는 상황입니다. 현재 위치와 적의 위치를 파악하지 못한 채 "일단 저기로 가보자!", "앗, 여기가 아닌가벼?" 하며 우왕좌왕하면 어떻게 될까요? 결국 적에게 발각되어 포로로 잡히겠죠. 이런 상황이 말이 됩니까?

장교에게 지도 읽기는 필수 능력입니다. 현재 위치 파악, 집결지 확인, 방향 설정, 대원들의 전투력 배치 등 모든 것이 지도를 통해 이루어지니까요. 우연한 승리는 없습니다. 철저한 계획과 실행만이 승리를 가져옵니다.

마찬가지로 사장님에게는 가게의 지도, 사업의 지도가 필요합니다. 그것이 바로 회계입니다. 회계는 가게의 실태를 숫자로 정확하게 보여주는 지도입니다. 당신의 사업이 올바른 방향으로 가고 있는지, 현재 어떤 상황인지를 정확히 알려주는 나침반이기도 하고요.

자영업자는
왜 쉽게 망할까?

종각역 근방은 서울의 대표 상권이지만 최근의 상황은 심각합니다. 좋은 입지의 매장들도 공실이 늘어나고, 제 가게 주변에서만 20개가 넘는 매장이 문을 닫았습니다. 대기업이 운영하던 대형매장도 폐업했을 정도입니다. 폐업은 이 순간에도 계속되고 있습니다.

자영업 시장은 이제 '자영업 지옥'이라 불립니다. 다음 페이지에 있는 기사의 헤드라인만 봐도 '자영업 지옥'의 실태를 알 수 있죠.

그런데 많은 사장님들은 그만두고 싶어도 그만둘 수 없는 상황입니다. 보증금을 건지기 위해 투잡을 뛰거나, 권리금을 받기 위해 적자를 보면서도 버티는 분들이 많죠.

정부에서 긴급대출, 세금 납부기간 연장, 세무조사 면제 등 다양한 지원책을 내놓아도 상황은 나아지지 않고 있습니다. 특히 2023년 음식업의 경우 신규 창업 대비 폐업 비율은 2007년 이후

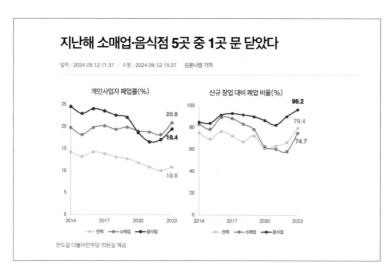

지난해 소매업·음식점 **5곳 중 1곳 문 닫았다**

입력 : 2024.09.12 11:37 | 수정 : 2024.09.12 15:27 | 김윤나영 기자

개인사업자 폐업률(%)

20.8
19.4
10.8

신규 창업 대비 폐업 비율(%)

96.2
79.4
74.7

전체 · 소매업 · 음식업

전체 · 소매업 · 음식업

안도걸 더불어민주당 의원실 제공.

출처: 〈경향신문〉, 2024년 9월 12일.

최고치인 96.2%입니다. 100개의 가게가 새로 오픈할 때 96개의 가게가 폐업하는 것입니다. 게다가 국세청 자료에 따르면 2023년 기준 월소득 100만 원 미만의 자영업자는 900만 명을 돌파했는데, 이 중 외식업 비율이 70%라고 합니다. 정말 힘든 상황입니다.

왜 자영업자는 쉽게 망할까요? 최저임금 상승? 임차료 상승? 재료비 상승? 경기 불황? 모든 것이 이유가 될 수 있습니다.

최저임금 상승은 예견된 일이었습니다. 만약 이를 감당하지 못한다면 사업 구조에 근본적인 문제가 있을 수 있습니다. 과도한 인력 운영이나 지나치게 낮은 인건비에 의존한 수익 구조는 지속 가능하지 않습니다.

임차료 문제도 마찬가지입니다. 건물주들도 대출금과 유지비를 감당해야 하지만, 상권이 조금만 활성화되면 임차료를 급격히 올려 결국 상권 자체가 죽어버리는 악순환이 반복됩니다. 여기에 코로나19 팬데믹 같은 예기치 못한 위기가 닥치면 상황은 더욱 악화됩니다.

자영업 실패의 원인을 한 가지로 특정할 수는 없습니다. 우리가 통제할 수 없는 외부 요인들이 분명 존재하기 때문입니다. 하지만 우리가 통제할 수 있는 영역도 있습니다. 바로 회계죠. 따라서 이 부분만큼은 완벽하게 장악해야 합니다.

회계하는 사장님만이 살아남는다

전문가들은 자영업 실패의 핵심 원인으로 상권이나 경쟁 과다보다는 준비 부족과 경영 능력 부족을 지적합니다. 대부분의 사장님들이 2~3개월이라는 짧은 준비 기간 뒤에 장사를 시작하고, 충분한 지식 없이 뛰어들기 때문입니다. 사업에는 마케팅, 서비스, 인사관리, SNS, 법률 등 다양한 지식이 필요하지만, 그중에서도 가장 기본이 되는 것은 바로 회계입니다. 회계는 모든 사업의 필수 요소이자 경영 능력의 기초입니다.

회계를 하지 않는 사업은 없습니다. 대기업 CEO들 중 재무통, 회계통이 많은 것도 우연이 아닙니다. 회계를 모르면 진정한 경영자가 될 수 없기 때문입니다. 이는 온라인이든 오프라인이든 모든 사업에 해당됩니다. 치열한 경쟁 속에서 살아남으려면 반드시 회계를 해야 합니다.

회계는 우리의 무기입니다. 새로 구입하거나 개발할 필요가 없는, 이미 모든 사장님이 가지고 있는 무기죠. 다만 갈고닦지 않았을 뿐입니다. 회계는 전문가에게만 맡겨야 한다는 편견을 이제는 버려야 합니다. 오히려 작은 가게일수록, 작은 사업일수록 회계가 더 중요합니다. 생존을 위해서 꼭 알아야 하기 때문입니다. 사업이 잘된다면 더더욱 회계에 신경 써야 합니다. 그래야 지속적인 성장이 가능합니다.

02
회계하는 사장님
vs. 회계를 모르는 사장님

"일평균매출이 얼마인가요?"

"순이익은 얼마인가요?"

"성수기와 비수기의 매출 차이가 어느 정도인가요?"

이런 기본적인 질문에 대답할 수 있는지만 봐도 회계하는 사장님과 그렇지 않은 사장님을 구분할 수 있습니다. 회계하는 사장님은 일매출, 월매출, 성수기와 비수기 매출, 이익률, 현금흐름 등을 즉각 답할 수 있지만, 회계를 모르는 사장님은 "그건 회계사에게 물어봐야 해요"라고 답합니다.

회계하는 사장님은 본능적으로 손익구조를 읽는다

회계하는 사장님과 식사를 하면 독특한 모습을 발견할 수 있습니다. 음식보다는 주변을 관찰하느라 바쁜 모습이죠. 다른 손님들의 주문을 살피고, 메뉴판의 가격을 확인하며, 가장 잘 팔리는 메뉴를 파악합니다. 매장의 손님 수를 보며 테이블 회전율을 계산하고, 스마트폰으로 일매출과 월매출을 계산해 비용을 대입하여 예상 수익까지 산출합니다.

"이 가게는 한 달에 이 정도 매출이 나오고, 사장님은 이만큼 가져가시겠네요."

이런 분들은 자신의 사업 경험에서 터득한 손익구조와 패턴이 머릿속에 있기에 본능적으로 수익성을 파악할 수 있습니다. 이른바 '회계 세포'가 먼저 반응하는 것입니다.

회계하는 사장님은 숫자를 보고, 회계 안 하는 사장님은 상황을 본다

8월에 비해 9월 매출이 감소했을 때, 회계하는 사장님과 회계를 안 하는 사장님은 어떻게 다르게 대응할까요? 8월에 비해 9월 매출이 감소했을 때의 대응에 어떤 차이가 있는지 살펴보겠습니다.

회계하는 사장님

- 전년 대비 매출 감소폭을 정확히 파악합니다. 작년 손익계산서와 비교하여 8월과 9월의 매출 추세를 분석합니다.
- 8월과 9월의 상품별 매출 현황을 비교하여 어떤 상품의 매출이 가장 크게 감소했는지 확인합니다. 분석 결과 A상품의 판매량이 가장 크게 감소했다는 것을 발견합니다.

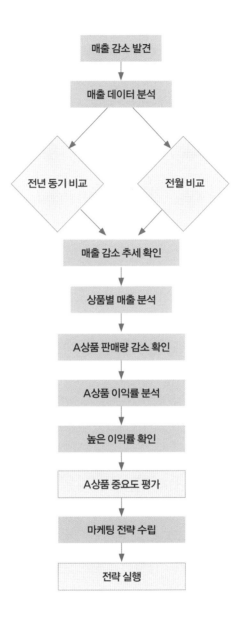

매출 감소 발견

매출 데이터 분석

전년 동기 비교

전월 비교

매출 감소 추세 확인

상품별 매출 분석

A상품 판매량 감소 확인

A상품 이익률 분석

높은 이익률 확인

A상품 중요도 평가

마케팅 전략 수립

전략 실행

- A상품의 이익률을 확인합니다.
- A상품이 가장 높은 이익률을 보유하고 있으며, 이 상품의 판매가 사업 생존에 핵심이라는 것을 파악합니다. 즉시 A상품 판매 증진을 위한 구체적인 마케팅 전략을 수립하고 실행합니다.

회계하는 사장님은 구체적인 숫자를 통해 문제를 정확히 파악하고, 해결책을 찾아 실행합니다.

회계를 안 하는 사장님

- "이 불황은 언제 끝날지 모르겠네…" 걱정하며 한숨만 쉽니다.
- 옆 가게 사장님과 만나 "요즘 장사 잘 안 되시죠?"라며 다른 곳의 상황을 확인합니다.
- 다른 가게도 비슷한 상황이라는 것에 안도하며 현실에 순응합니다.

회계를 안 하는 사장님은 눈에 보이는 것만으로 상황을 판단합니다. 하지만 객관적인 숫자 데이터 없이는 정확한 문제 파악이 불가능하고, 따라서 경험과 감에 의존한 판단만 하게 됩니다. 현재의 경영 상태를 제대로 평가할 수 없는데, 과연 올바른 해결책을 생각해낼 수 있을까요?

《손자병법》에 "승병 선승이후구전勝兵 先勝以後求戰, 패병 선전이후 구승敗兵 先戰以後求勝"이란 말이 나옵니다. "승리하는 부대는 먼저 이겨 놓고 전쟁을 하지만, 패배하는 부대는 전쟁을 시작하고 나서 이기려 한다"라는 뜻입니다.

가게 운영도 이와 같습니다. 숫자는 결코 거짓말을 하지 않고, 그렇기에 회계를 알면 가게의 상태를 정확하게 파악할 수 있습니다. 이를 통해 사장님들은 상황에 휘둘리지 않고, 숫자를 근거로 문제를 진단하며, 구체적인 개선책을 마련할 수 있습니다.

사장님, 이제는 회계를 공부해야 할 때입니다.

03

가게의 모든 것을
숫자로 생각하고 기록하는 힘,
회계 마인드

회계를 모르면 사업의 실태를 알 수 없습니다. 사업의 실태는 오직 숫자로만 드러나기 때문입니다. 회계하는 사장님은 사업의 모든 것을 숫자로 생각하고 기록합니다. 매출과 매입, 현금흐름, 재고 등 사업 관련 숫자들을 성실하게 기록하다 보면 가게의 중요한 숫자가 보이고, 그 의미와 관리 방법이 보이기 시작합니다. 이것이 바로 회계 마인드입니다.

'무지개케이크'로 한국 디저트 패러다임을 바꾼 (주)도레도레 김경하 대표의 강의를 들은 적이 있습니다. 19년 넘게 사업을 운영하며 2023년 기준 연매출 180억 원을 기록했고, 30개가 넘는 매장을 운영하는 분입니다. "누구나 믿고 먹을 수 있도록 좋은 재료를 쓴다!"가 이 브랜드의 철학이자 강점입니다. 좋은 재료는 비싸다는 난관이 있었지만, 김경하 대표는 브랜드가 추구하는 가치를 지키면서도 수익을 낼 수 있는 원가와 가격을 치열하게 고민했다고 합니다. 저는 그분이 원가 관련 숫자들을 정확히 파악하고 있는 모습에서 진정한 회계 마인드를 발견할 수 있었습니다.

회계 마인드는 어떻게 기를 수 있을까요? 방법은 간단합니다. 첫째, 매출과 비용, 현금흐름, 재고 등 중요한 숫자들을 꾸준히 기록합니다. 둘째, 이 숫자들이 의미하는 바를 분석합니다. 셋째, 이 과정을 끊임없이 반복합니다. 매일 성실하게 기록하고, 그 숫자들을 애정 어린 시선으로 들여다보다 보면 자연스럽게 손익구조를 읽는 회계 마인드가 생깁니다.

회계 마인드가 있으면 사업의 핵심 지표들이 말하는 바를 이해하고, 문제의 원인을 분석하여 건강한 손익구조를 만들 수 있습니다. 이것이 바로 회계하는 사장님이 가게를 단순한 장사를 넘어 진정한 비즈니스로 성장시킬 수 있는 힘입니다.

04

사장님이 알아야 할
회계의 진짜 의미

회계³ (會計▽)

발음 [회:계/훼:게]
부표제어 회계-하다²

편집 이력

「명사」

「1」 나가고 들어오는 돈을 따져서 셈을 함.

- 회계 절차.
- 회계를 보다.
- 회계가 축나다.

「2」 빚이나 물건값, 월급 따위를 치러 줌.

- 이번 **회계**만은 세상없어도 치러 주셔야겠어요. 그것도 약주나 몇 잔 자신 거라면 조르는 사람을 심하다 하실는지 모름지요만…. ≪이기영, 신개지≫

「3」 개인이나 기업 따위의 경제 활동 상황을 일정한 계산 방법으로 기록하고 정보화함.

- 회계 법인.

「4」 금전의 출납에 관한 사무를 보는 사람. =회계원.

- 이제 **회계**도 주사급으로 한 사람은 둬야겠어. ≪김원일, 불의 제전≫
- 그 영수증을 **회계**에 내밀고 돈을 필요한 대로 받아 쓰면 되었다. ≪마해송, 아름다운 새벽≫

회계란?

표준국어대사전에서 회계를 검색해보면 옆 페이지에서 볼 수 있듯 '나가고 들어오는 돈을 따져서 셈을 함'이라고 나옵니다. 나가고 들어오는 돈, 즉 돈의 흐름을 계산하려면 장부를 기록해야 합니다. 역시 옆 페이지의 「3」을 보면 '기록하고 정보화함'이라고 되어 있죠? 회계란 장부를 기록하고 결산을 통해 정보를 만드는 겁니다. 즉, 회계는 회계정보를 만들기 위해 존재하는 것이라고 볼 수 있습니다.

대표적인 회계정보로 재무제표가 있죠. 이 재무제표를 보고 경영자는 기업을 경영하고, 은행은 돈을 빌려주며, 투자자는 기업에 투자합니다.

사장님 역시 재무제표와 같은 회계정보를 만들어야 합니다. 회계정보가 있어야만 가게와 사업의 재무상태와 경영성과를 숫자로 정확히 파악할 수 있으니까요. 또 대출을 받을 때에도 회계정보가 있어야 신속하게 받을 수 있습니다. 은행도 돈을 잘 갚을 수 있는지 근거가 있어야 돈을 빌려주겠죠. 세금 신고 및 납부 준비를 할 때 역시 회계정보가 있어야 정확하게 신고하고 납부할 수 있습니다.

회계정보의 핵심은 경영활동을 '한눈에 보이도록' 정리하는 것입니다. '한눈에 본다'는 것이 핵심임을 기억하셔야 합니다. 숫자를 한눈에 파악할 수 있어야 진짜 경영이 시작되니까요.

"얼마 버세요?"

"사장님, 얼마 버세요?"라는 질문을 받으면 대개의 분들은 보통 매출을 떠올립니다. 하루 매출 100만 원, 월매출 3000만 원, 연매출 3억 6000만 원 하는 식으로요.

하지만 이 질문의 진정한 의미는 모든 비용을 제외하고 주머니에 남는 '순이익'이 얼마냐는 것입니다. 매출에서 재료비, 인건비, 월세, 관리비, 세금, 카드 수수료, 대출 이자 등 모든 비용을 제외하고 남는 것이 진짜 '순이익'이죠.

감이 아닌 정확한 숫자의 중요성

오랜 경험을 가진 사장님들은 종종 감으로 순이익을 짐작합니다. 하지만 감에 의존하는 것은 매우 위험합니다. 감으로 2호점을 내거나, 추가 대출을 받거나, 직원을 더 채용한다면 그 결과는 재앙이 될 수 있습니다.

경영은 감이 아닌 정확한 숫자에서 시작됩니다. 내가 얼마를 벌었고, 얼마를 썼으며, 얼마가 남았는지 정확히 알아야만 제대로 된 경영 판단이 가능합니다. 그래서 경영은 숫자로 표시되어야 하고, 한눈에 보여야 합니다.

회계와 재무제표

'회계'는 영어로 'accounting'입니다. 'account'는 '결산하다'라는 의미를 가지고 있으며, 이러한 결산 정보를 한눈에 보여주는 것이 재무제표입니다. 재무제표를 통해 기업의 안정성, 수익성, 활동성, 성장성을 모두 파악할 수 있습니다. 숫자가 보여주는 신호를 제대로 읽을 때 위기를 피하고, 기회를 잡으며, 지속 가능한 성장을 이룰 수 있습니다. 우리 사장님에게도 재무제표가 필요한 이유입니다.

회피하지 말고 회계하자!

이제는 회계를 단순한 계산이 아닌 가게를 살리는 '생존 도구'로 바라봐야 합니다. 많은 사장님들이 회계를 어렵고 복잡하다고 생각하여 회피하지만, 이는 가게의 생존과 직결되는 핵심 능력입니다. 회계는 전문가만의 영역이 아닌, 모든 사장님이 반드시 알아야 할 필수 경영 도구입니다. 더이상 남에게 맡기지 말고, 즉 회피하지 말고 회계해야 합니다. 장사에서 비즈니스로 성장시키는 사장님들의 공통점은 바로 탄탄한 회계 기반이라는 것을 기억하세요.

다음으로는 회계 공부의 시작이자 사장님들의 생존력을 높여줄 핵심 생존등식을 알려드리겠습니다.

내 가게의 현재 상태 진단하기

가게 회계 건강검진표

"내 가게는 건강할까?" 궁금하시죠? 다음의 문항들에 "네"(1점) 또는 "아니오"(0점)로 답하신 뒤, 총점을 합산해주세요.

1. 매출과 비용을 매일 기록하고 있나요?
2. 매달 손익계산서를 작성하고 있나요?
3. '내가 갚아야 할 돈(부채)'이 얼마인지 알고 있나요?
4. 현금흐름표를 만들어 현금의 들어오고 나감(수입·지출)을 확인하나요?
5. 고정비(월세·인건비)와 변동비(재료비 등)를 명확히 구분하고 관리하나요?
6. 손익분기점(적자냐 흑자냐)을 계산해보고 목표 매출을 정했나요?
7. 매출이 늘거나 줄 때 그 원인을 분석한 적 있나요?
8. 세금(부가세, 종합소득세 등)을 미리 준비하고 있나요?
9. 재고를 꼼꼼히 관리해서 낭비를 줄이고 있나요?
10. 회계 시스템(엑셀, 앱 등)을 활용해 가게 데이터를 기록하고 있나요?

진단 결과 – 점수에 따라 내 가게 상태를 알아보세요!

위험! 내 가게는 SOS 상태(0~3점)

상황:

내 가게에는 숫자가 없는 상태네요. 매출은 나오는데 뭐가 문제인지 모르겠다면 지금 빨리 대책을 세워야 합니다.

"숫자가 없으면 생존도 없다"라는 말을 기억하세요!

해야 할 일:

당장 매출과 비용부터 기록하세요. 종이에 적든 엑셀에 입력하든, 일단 시작해야 합니다. '내가 번 돈'과 '쓴 돈'이 어떻게 다른지 배우는 것이 회계의 첫걸음입니다.

아슬아슬 위기 상태(4~6점)

상황:

조금은 관리하고 있지만, 여전히 빈틈이 많아요. 숫자가 보이긴 하는데 이걸 어떻게 활용해야 할지 모르는 상태라서 아직 갈 길이 멉니다!

해야 할 일:

손익계산서와 현금흐름표를 작성해보세요.

고정비와 변동비를 나누고, 어디서 비용을 줄일 수 있는지 찾아보세요.

안정적인 상태(7~8점)

상황:

기본적인 숫자는 관리하고 있어요. 큰 문제는 없어 괜찮아 보이지만, 더 성장하려면 데이터 분석이 필요합니다.

해야 할 일:

매출 증감의 원인을 파악해 개선 방향을 설정하세요.

세금 준비와 재고관리를 더 꼼꼼히 체크하면 안정성 UP!

성장 가능 상태(9~10점)

상황:

완벽에 가깝습니다! 가게 운영의 모든 숫자가 당신의 손 안에 있어요.

데이터를 기반으로 경영의 결정을 내릴 준비가 끝난 상태입니다.

해야 할 일:

이제는 투자와 확장을 고민해보세요.

회계 시스템을 보다 효율적으로 자동화할 방법도 찾아보세요.

2장

생존등식으로 사업의 관점을 바꿔라

"본질적인 것은
눈에 보이지 않는다."

– 앙투안 드 생텍쥐페리 Antoine de Saint-Exupéry

2 회계는 미세먼지다

"요즘 공기 어떠세요?"

대부분의 사람들은 "너무 안 좋다", "옛날에는 비 맞고 놀았는데…", "요즘은 최악이다"라고 말합니다. 하지만 실제로 정부가 미세먼지를 측정한 자료를 보면, 놀랍게도 과거보다 미세먼지는 감소 추세이고 공기의 질은 오히려 개선되었음을 알 수 있습니다. 그렇다면 왜 우리는 공기가 더 나빠졌다고 느끼는 걸까요?

그것은 바로 공기를 '눈으로 보기' 시작했기 때문입니다. 매일 아침 스마트폰으로 미세먼지 농도를 확인하고, 그 수치에 따라 마스크 착용이나 환기 여부를 결정합니다.

이렇듯 보이지 않던 것이 보이고 나면, 우리는 비로소 실태를 정확히 파악하고 문제를 발견할 수 있습니다. 문제가 보여야 개선도 가능해지고요.

회계는 바로 미세먼지 수치와 같습니다. 평소에는 보이지 않던 사업의 실태를 정확한 숫자로 보여주어, 우리가 무엇을 개선하고 발전시켜야 할지 알려주는 도구인 것입니다.

미세먼지 농도를 매일 확인하며 건강을 지키듯, 회계를 통해 사업의 건강 상태를 매일 점검해야 합니다.

01

돈의 흐름을 보여주는
'자부자수비'

"사장님 가게를 왜 여셨어요?"라고 물었을 때 "사회에 공헌하기 위해서요"라고 답하시는 분들은 거의 없을 겁니다. 아마 대개는 "돈을 벌려고요"라 하시겠죠.

그렇다면 '돈을 번다'는 것은 구체적으로 무엇일까요? 자, 그럼 돈을 벌기 위해 요거트 아이스크림 가게를 여는 상황을 함께 생각해보죠.

가게를 차릴 때 가장 중요한 건?

요거트 아이스크림 가게를 차리기 위해 가장 먼저 준비할 것은 바로 돈입니다. 돈이 있어야 가게를 차리니까요. 저의 경우 1500만 원은 은행에서 빌리고 5000만 원은 통장에서 꺼내 6500만 원을 들여 가게를 차렸습니다. 이를 다음과 같이 써볼까요?

들인 돈: 6500만 원

그런데 이렇게만 써놓고 보면 이 중 갚을 돈은 얼마이고 내가 통장에서 꺼낸 돈은 얼마인지를 알 수 없죠. 그러니 각각 나눠 이름표를 붙여볼게요.

들인 돈: 6500만 원
- 부채(빌린 돈): 1500만 원
- 자본(내 돈): 5000만 원

이렇게 구분하면 빌린 돈이 얼마인지 잊지 않고 갚을 수 있겠죠? 자, 이제 이 돈으로 뭘 할까요? 가게를 차리려면 매장도 있어야 하고, 아이스크림 기계도 있어야 하고, 요거트 아이스크림을 만들 재료도 있어야겠죠. 영업을 시작하기 위해 필요한 이런 것들을 자산이라고 합니다. 가게에 돈을 벌어다 주는, 너무너무 중요한 요소죠. 이제 가게에 필요한 자산을 구입하러 갑시다.

요거트 아이스크림 가게의 자산이란?

자산은 영업 시작과 가게 운영에 반드시 필요한 것들입니다. 여기서 퀴즈를 내볼게요. 다음 중 요거트 아이스크림 가게의 자산이 아닌 것은 뭘까요?

- 예비현금
- 가게 임차보증금(매장)
- 샤넬백
- 가게 인테리어
- 아이스크림 기계
- 냉장고 등 설비
- 요거트 아이스크림 재료
- 골프채

샤넬백과 골프채는 가게 운영과 아무런 상관이 없겠죠? 사장님이라면 가게에 필요한 자산이 무엇인지 명확히 잘 아실 겁니다.

부채와 자본으로 자산을 마련하다

부채와 자본으로 6500만 원을 들여 6500만 원의 자산을 마련한 상황을 표로 그려보겠습니다.

| 자산
6500만 원 | 부채 1500만 원 |
| | 자본 5000만 원 |

이걸 보면 요거트 아이스크림 가게의 자산은 6500만 원이고 그중에 갚을 돈은 1500만 원, 내 돈은 5000만 원이란 걸 알 수 있

겠죠?

이제 이렇게 요거트 아이스크림 가게를 오픈해서 한 달간 영업을 돌린 상황을 생각해보죠.

번 돈(수익)과 벌기 위해 쓴 돈(비용)

돈 쓰는 일은 참 즐겁습니다. 그런데 '비용'은 그냥 내가 쓰고 싶어 쓴 돈이 아니라 '돈을 벌기 위해 쓴 돈'입니다. 요거트 아이스크림 가게에서의 비용으로는 우선 요거트 아이스크림을 만들기 위한 재료비, 인건비, 배달비 등이 있겠죠. 매장을 운영하니 월세, 전기료, 관리비, 각종 소모품비 등도, 은행에서 사업자금을 빌렸다면 따박따박 나가는 이자비용도 있겠고요. 이렇듯 돈을 벌기 위해, 사업을 운영하기 위해 들어가는 돈이 바로 비용입니다.

요거트 아이스크림 가게를 열고 한 달 동안 운영해서 1000만 원을 벌었습니다. 이건 다음과 같이 쓸 수 있을 겁니다.

- 수익: 1000만 원

이 1000만 원을 벌기 위해 한 달 동안 얼마를 썼나 확인해보니 총 800만 원을 지출했네요.

- 비용: 800만 원

남은 돈(이익)

번 돈은 1000만 원인데 벌기 위해 쓴 돈은 800만 원이니 200만 원이 남네요? 이때의 200만 원을 이익이라고 합니다. 그런데 '수익'이랑 '이익'은 완전히 다른 말이니 헷갈리시면 안 됩니다. 수익은 비용이 포함된 돈(번 돈)이고, 이익은 수익에서 비용을 뺀 남은 돈으로 순이익을 의미합니다.

'수익'과 '이익'이 비슷한 표현이라 이걸 가지고 사기치는 업자들도 많으니 조심하셔야 해요. "우리 프랜차이즈를 하면 한 달 수익이 700만 원이에요." 이때의 수익을 이익이라고 착각하시면 큰일 나겠죠? 비용이 빠지지 않은 수익은 큰 금액으로 보이니 매력적이어서 혹할 수 있습니다. 장사를 처음 하시는 분이라면 특히 정신 바짝 차리셔야 해요.

다시 요거트 아이스크림 가게 이야기로 돌아가겠습니다. 남은 돈 200만 원은 내 돈 5000만 원에 더해진답니다. 자산에는 현금 200만 원으로, 자본에는 이익 200만 원으로 더해지는 거죠.

자산	부채 1500만 원
6700만 원(+200만 원 현금)	자본 5200만 원(+200만 원 이익)

자, 지금까지의 얘기를 정리해볼까요?

가게를 오픈할 때는 '자산', '부채', '자본'이 발생하고 영업을 시작하면 '수익'과 '비용'이 발생합니다. 이 다섯 가지의 앞글자만 따서 읽으면 '자부자수비'인데, 사업의 흐름과 돈의 흐름은 이 '자부자수비'라는 다섯 가지 핵심요소로 정리할 수 있습니다.

자산 – 돈을 벌어다 주는 것
예: 요거트 아이스크림 기계, 매장, 재료 등

부채 – 남의 돈
예: 은행 대출금

자본 – 내 돈
예: 사업에 투자한 자기 자금

수익 – 번 돈
예: 요거트 아이스크림 판매한 매출

비용 – 돈을 벌기 위해 쓴 돈
예: 요거트 파우더, 우유, 임차료, 배달수수료 등

'자산, 부채, 자본, 수익, 비용' 이 다섯 가지는 모든 사업에서 발생하고, 모두 중요한 요소입니다. 그 이유는 이것들 모두가 이익 창출이라는 하나의 목표를 향해 움직이기 때문입니다. '자부자수비'는 가게가 돈을 버는 흐름을 보여줍니다. 이 다섯 가지 요소를 잘 이해하고 관리하는 것이 생존의 핵심입니다.

가게가 이익을 내는 과정을 정리해보면 다음과 같습니다.

들인 돈(부채와 자본) → 자산 구입 → 판매(수익) → 비용 차감 → 이익

이처럼 이익 창출의 시작점은 바로 '자산'입니다. 그러니 우선은 돈을 버는 자산에 집중해야겠죠? 쓸데없는 자산에 소중한 돈이 들어가면 안 됩니다. 부채와 자본은 이 자산을 마련하기 위한 수단이며, 최종적으로 자산의 활용과 판매를 통해 수익과 비용이 발생하고 이익이 창출되는 것입니다.

'자부자수비'가 왜 중요한지 이제 정확히 이해되시죠? 그럼 이젠 이를 바탕으로 '생존등식'을 배워보겠습니다.

생존율을 9%에서
91%로 만드는 생존등식

돈의 흐름을 보여주는 다섯 가지 요소인 자산, 부채, 자본, 수익, 비용, 즉 '자부자수비'를 결합해 경영의 핵심 등식을 만들어보겠습니다.

이것이 바로 '생존등식'입니다.

$$자산 = 부채 + \{자본 + 수익 - 비용\}$$

여기서 주목할 점은 자본이 손익관리 항목인 '수익 - 비용'과 함께 중괄호 안에 묶여 있다는 것입니다. 이는 자본이 재무상태와 손익을 연결하는 핵심 통로 역할을 한다는 것을 보여줍니다.

이 생존등식은 크게 두 부분으로 구성됩니다.

1) 자부자 재무상태 등식

$$자산 = 부채 + 자본$$

2) 수비 손익관리 등식

$$손익 = 수익 - 비용$$

사장님이라면 이 생존등식을 반드시 기억해야 합니다. 눈으로만 읽지 마시고 소리 내어 세 번 이상 읽어보세요. 마치 잉크로 몸에 문신을 새기듯, 이 등식을 뇌리에 깊이 새겨야 합니다. 이 등식의 시각으로 사업을 바라보면 수익 창출의 구조와 패턴이 명확히 보이고, 자연스럽게 회계 마인드가 생깁니다.

사업의 모든 활동은 이 생존등식 안에 담겨 있습니다. 이 등식은 사장님의 사업 생존율을 9%에서 91%로 만드는 결정적 차이를 만듭니다. 이것이 바로 이 등식을 '생존'등식이라 부르는 이유입니다.

03

돈을 벌어다 주는
자산

자산 = 부채 + 자본, 이 재무상태 등식에서 자산은 '돈을 벌어다 주는 것'입니다. 단순한 재산이 아닙니다. 쉴 때 사용하는 게임기, 주말용 자동차, 명품백 같은 것들은 재산일 수는 있어도 돈을 벌어다 주는 자산은 아닙니다.

사장님에게 진정한 자산은 사업에서 매출과 직접 연관된 것들입니다. 예를 들면 아래와 같습니다.

- 카페: 커피머신, 원두, 매장
- 온라인 쇼핑몰: 판매상품, 생산설비, 컴퓨터

돈을 못 버는 자산은 돈을 길거리에 버리는 것

자산 구입은 신중해야 합니다. 회계에서는 이를 '투자활동'이라고 부릅니다. 투자와 투기의 차이는 명확합니다. 알고 하면 투자, 모르고 하면 투기죠.

- 잘못된 접근법

"아이스크림을 팔면 장사가 잘 될 것 같아!" → 바로 기계 구입 → 판매

- 올바른 접근법
1) 고객 대상 수요 조사
2) 수요 확인
3) 기계 렌탈 테스트
4) 실제 판매 후 구매 결정

실제 사례를 들어보겠습니다. 한 카페 사장님은 '최고의 커피'를 만들겠다며 기존의 커피머신을 팔고 은행에서 대출을 받아 고가의 커피머신을 구입했습니다. 그런데 매출이 오히려 감소하는 바람에 매달 이자 부담만 늘었죠. 설비는 구입 즉시 감가상각으로 가치가 반토막 나기 때문에, 잘못된 자산 투자는 치명적일 수 있습니다.

자산 구입 시 체크리스트
- 프랜차이즈 계약 시 불필요한 설비는 과감히 거절하기
- 동종 업계에 있는 선배 사장님들의 조언을 참고하기

- 벤치마킹하고 싶은 가게를 방문해 그곳의 설비를 살펴보기
- 수익성 분석 후 투자를 결정하기

돈을 벌어다 주는 자산은 현금제조기가 되지만, 그렇지 않은 자산은 독이 됩니다. 사장님들도 기업들이 하듯 철저한 검토를 거친 뒤에 투자를 결정하세요.

04

자산 마련에 필요한 돈,
부채와 자본

부채와 자본은 자금의 출처

자산을 마련하려면 돈이 필요합니다. 부채와 자본은 자산을 어떻게 마련했는지 보여주는 자금의 출처입니다. 이 둘은 얼마가 남의 돈이고, 얼마가 내 돈인지를 명확히 보여줍니다.

우선 부채는 '반드시 갚아야 할 남의 돈'을 뜻합니다. 종류별로 나눠보면 다음과 같은 것들이 있죠.

- 외상매입금(재료 외상 구매)
- 은행 대출금
- 미납 부가가치세
- 미지급 급여
- 선결제대금

이 중 특히 사장님들이 자주 착각하는 항목은 '부가가치세'입니다. 부가가치세는 손님들에게서 받은 세금을 잠시 보관했다가 국가에 납부해야 하는 돈이기에 절대 내 돈이 될 수 없습니다. 때문에 이를 운영자금으로 사용해버리면 정작 부가가치세를 국가에 내야 할 시기에 돈이 없어 어려움을 경우가 많습니다.

'은행 대출금'이 부채인 이유는 간단합니다. 은행에 '갚아야 할 돈'이니까요. 특히 은행 대출금처럼 이자가 발생하는 부채가 있는 상황이라면, 그 이자 비용만큼 내 이익이 감소한다는 점을 꼭 기억하고 있어야 합니다.

'선결제대금'의 예로는 헬스장 회원권 판매대금을 들 수 있습니다. 헬스장 회원권을 구매할 때는 대개 1년 치를 먼저 선결제하게 되죠. 첫 달만 열심히 다니다 11개월 동안 안 가긴 하지만요. 이런 선결제대금이 가게 입장에서는 부채에 해당합니다. 1년 회원권을 결제한 회원들이 "사정상 1년을 다 못 채우게 되었으니 돌려주세요"라고 요구하면 위약금을 빼고 돌려줘야 하는 돈이기 때문입니다.

'부채'를 살펴봤으니 이젠 '자본'이 뭔지 알아볼까요? '자본'은 내 돈을 의미합니다. 예를 들어 가게 오픈에 필요한 돈 1억 원을 내 돈 6000만 원과 은행 대출금 4000만 원으로 마련했다면 그 총합인 1억 원은 '자산', 내 돈 6000만 원은 '자본', 은행 대출 4000만 원은 '부채'에 해당합니다. 간단하죠?

그렇다면 자본이 얼마인지를 알아내는 것 또한 쉽습니다. 자산에서 부채를 뺀 값이 자본에 해당하니까요. 즉, 다음과 같은 '자본 계산법'이 가능한 겁니다.

$$자본 = 자산 - 부채$$

이는 순자산이라고도 하며, 진정한 의미의 '내 것'입니다. 때문에 재무상태를 파악할 때는 단순히 자산의 규모가 아니라, 그 자산 중 실제 내 몫인 자본이 얼마인지를 정확히 알아야 합니다. 이것이 바로 부채와 자본을 구분해서 보는 이유입니다.

사장님의 진정한 몫, 자본

앞서 말했듯 사장님의 진정한 몫은 자본입니다. 사업을 하는 근본적인 이유가 내 돈을 불리는 것이기 때문입니다. 만약 사업을 접는다면, 모든 자산을 현금화하고 부채를 갚은 후 남는 것이 바로 자본입니다. 그래서 '자산 = 부채 + 자본'은 '자본 = 자산 - 부채'로도 표현됩니다. 가게를 열기 위해 마련한 자산에 들인 돈 중 갚을 돈에 해당하는 부채를 뺀 나머지가 내 돈입니다.

재무상태 등식(자산 = 부채 + 자본)을 통해 우리는 다음의 것들을 한 눈에 파악할 수 있습니다.

- 돈을 벌어다 주는 자산의 규모
- 남의 돈(부채)과 내 돈(자본)의 비율

그럼 부채와 자본이 각각 많을 시에는 어떤 상황으로 이어질까요? 우선 부채가 많으면 이자 비용이 증가하고, 금리 상승 시기에 부담이 가중되며, 사업을 확장하는 데도 제약이 생깁니다. 그에 반해 자본이 많으면 비수기에도 사업을 안정적으로 운영할 수 있고,

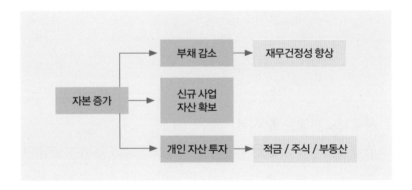

금리가 높아져도 그에 따르는 제약에 덜 제한받을 수 있으며, 사업을 확장하거나 신규 사업을 개척할 수 있고, 적금이나 주식 혹은 부동산 등에 사장님 개인이 투자할 수 있는 여력도 확보되겠죠. 자본이 증가한다는 것은 곧 부채가 감소한다는 뜻이니, 사업의 재무건전성도 향상될 겁니다.

사업의 성공은 자본의 증가에 달려 있습니다. 든든한 자본은 사업의 안정성을 높이기 때문입니다. 그에 더해 사장님의 삶을 더욱 풍요롭게 만드는 핵심 동력이 되지요. 자본의 중요성, 이제 충분히 아시겠지요?

2호점 개업, 매장 확대는 투자금 회수 후 안정적으로

재활 중심의 PT 센터가 있었습니다. 사장님의 해박한 지식과 친절한 설명 덕분에 저도 수십 회를 결제하며 다녔는데요, 신규 매장이었고 콘셉트가 뚜렷해 회원도 많았습니다. 회원 대부분이 1회권이 아닌 10회권으로 결제하니 사장님의 통장에는 현금이 우수수 입금되었을 겁니다.

사장님은 이후 트레이너를 더 뽑고 장비를 확충하더니, 2호점을 내겠다는 계획을 세웠습니다. 현재 매장이 대부분 부채로 꾸려진 걸 알고 있었기에 저는 투자금을 완전히 회수한 뒤에 2호점을 열라고 사장님께 조언했습니다. 정 내고 싶다면 기존 빌딩의 위층에 필라테스나 콘셉트가 다른 PT 센터를 내는 걸 추천했죠.

하지만 사장님은 예산 문제로 지금의 PT 센터와 거리가 먼 곳에

2호점을 열었고, 그 결과 에너지가 분산되었습니다. 게다가 사장님이 직접 하던 PT 수업을 다른 트레이너가 맡으면서 기존 회원들도 이탈하기 시작했습니다. 그 결과 사장님은 매출을 위해 다시 1호점에 집중해야 했고, 결국 2호점은 폐업의 길을 걷고 말았습니다.

이 예에서 알 수 있듯, 2호점 개업 등의 사업 확대는 초기 투자금을 우선 회수한 뒤 안정적 자본 상태에서 결정해야 한다는 점을 기억하셔야 합니다.

내 가게의
간단 재무상태표 작성하기

재무상태 생존공식은 '자산 = 부채 + 자본'임을 앞서 살펴봤습니다. 그럼 지금 내 가게의 재무상태는 어떨지 알아볼까요?

아래의 예시 표를 따라 내 가게의 재무상태를 작성해보세요. 이 표를 작성해보면, 가게의 건강 상태를 단 10분 만에 파악할 수 있습니다.

자산 = 가게	총자본 (자산 마련에 들어간 모든 돈)
가게 임차 보증금 2000만 원 인테리어 5000만 원 아이스크림 기계 1000만 원 냉장고 등 집기 1500만 원 재료 및 물품 500만 원	**부채 = 남의 돈 (빌린 돈, 갚을 돈)** 은행 대출금 4000만 원
	부채 합계: 4000만 원
	자본 = 내 돈 자본금 6000만 원
자산 합계: 1억 원	**자본 합계:** 6000만 원

자산 = 가게	총자본 (자산 마련에 들어간 모든 돈)
	부채 = 남의 돈 (빌린 돈, 갚을 돈)
	부채 합계:
	자본 = 내 돈
자산 합계:	자본 합계:

간단 재무상태표 작성 후 체크해야 할 세 가지 포인트

1. 자산 vs. 부채의 비율: "내 자산 중 얼마나 내 것인가?"

   체크 포인트

   작성한 재무상태표에서 자산 대비 부채의 비율을 확인합니다.

   예: 자산 1억 중 부채가 6000만 원이라면 내 돈(자본)은 4000만 원

   → 부채 비율 60%

   확인할 질문

   내 자산 중 얼마의 돈이 갚을 돈(부채)으로 마련되었나요?

   부채 비율이 높다면 이자비용과 상환 계획은 어떻게 되는지 파악하세요.

2. 자산 구성의 적절성: "돈을 벌어다 주는 자산이 제대로 있나?"

   체크 포인트

자산 항목 중 현금흐름과 관련된 자산이 얼마를 차지하는지 확인합니다.

영업현금이 적정한지, 재료에 돈이 묶여 있진 않은지 살펴봐야 합니다.

확인할 질문

재료나 제품 등 재고자산이 너무 많아 현금흐름을 방해하고 있지 않나요?

사업에 필요한 운영자금이 부족하진 않나요?

3. 순자산(자본)의 건강성: "내 진짜 몫은 얼마인가?"

체크 포인트

'순자산 = 자산 − 부채'를 계산하여 내 실제 몫(자본)이 얼마인지 확인합니다.

자본이 마이너스(자본잠식) 상태라면 즉각적인 대책이 필요합니다.

확인할 질문

내 자본은 꾸준히 증가하고 있나요? 아니면 줄어들고 있나요?

부채를 갚고 나서도 사업을 지속할 만한 여유 자본이 충분한가요?

Tip

작성 후 체크 포인트를 기준으로 스스로의 재무상태를 점검하세요.

- 부채 비율이 높다면?

  비용 구조를 점검해 부채를 줄이는 전략을 세우세요.

- 자산이 부실하다면?

  불필요한 자산을 정리하고, 현금흐름에 집중하세요.

- 자본이 감소 중이라면?

  손익계산서를 확인해 수익을 늘리거나 비용을 줄이는 전략을 실행하세요.

자산금액을 기록할 때의 감가상각 계산방법

아이스크림 기계, 인테리어, 냉장 및 냉동설비 등 자산은 사용할수록 노후화됩니다. 시간이 지나면 새로 사거나 중고로 교체해야 하죠. 즉, 시간이 지날수록 자산의 가치가 감소하는 겁니다. 자산의 가치를 제대로 계산하려면 감가상각을 계산해야 합니다. 감가상각이란 '가치가 감소하는 만큼 깎아낸다'는 뜻이에요.

감가상각 계산방법

기본 수명: 5년(60개월) 또는 매장계약 기간

연간 감가상각: 구매가 ÷ 5년

월간 감가상각: 구매가 ÷ 60개월

예: 600만 원 커피머신의 감가상각

– 연간 감가상각: 120만 원(600만 원 ÷ 5년)

– 월간 감가상각: 10만 원(600만 원 ÷ 60개월)

– 30개월 사용 후 가치: 300만 원{600만 원 – (10만 원 × 30개월)}

핵심 정리

자산: 가게 운영에 필요한 모든 것	부채: 갚아야 할 돈
자본: 내 돈	순자산(자본):
	자산 – 부채 = 진정한 내 것

05
손익관리 등식
이해하기

손익관리 등식의 기본은 '수익 - 비용'입니다. 이 간단한 공식이 사업의 실제 성과를 보여줍니다. 공식의 이해를 돕기 위해 '수익'과 '비용', '이익'과 '손실' 등 지금까지 나온 핵심 개념들을 정리하고 넘어가겠습니다.

사업으로 번 돈, 수익

수익은 사업을 통해 번 돈, 흔히 말하는 매출입니다. 고객이 제품을 구입하고 결제할 때 수익이 발생하죠. 식당에서는 고객이 메뉴를 주문하고 결제하면, 온라인 쇼핑몰에서는 고객이 상품 주문 결제를 하면 발생합니다. 이외에도 수익은 티켓 판매, 콘텐츠 판매, 수강 등록, 공간 대여 등 다양한 형태로 생길 수 있습니다. 단, 앞서 이야기했듯 '이익'이라는 말과 헷갈리지 말아야 합니다.

돈을 벌기 위해 쓴 돈, 비용

비용은 수익을 얻기 위해 필연적으로 발생하는 지출입니다. 온라인 쇼핑몰의 경우 제품 구입비, 포장비, 배송비, 결제수수료, 판매수수료 등이 비용에 해당합니다. 오프라인 가게라면 인건비, 매장 임차료, 전기료, 관리비, 소모품 구입비, 대출 이자 등이 비용이 됩니다. 이러한 비용은 사업을 운영하는 데 반드시 필요한 지출입니다.

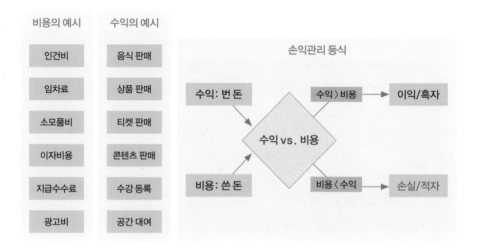

남으면 이익, 손해 보면 손실

번 돈인 수익에서 쓴 돈인 비용을 빼면 이익 또는 손실이 계산됩니다. 수익이 비용보다 크면 이익이 발생하고, 비용이 수익보다 크면 손실이 발생합니다. 이익을 흑자黑字라고 부르는 이유는 과거 장부에 검은 글씨로 기록했기 때문이며, 손실을 적자赤字라고 부르는 것은 빨간 글씨로 기록했기 때문입니다.

회계에서 손익관리 생존등식은 매우 중요합니다. 이를 통해 사업이 실제로 돈을 벌고 있는지, 얼마나 효율적으로 운영되고 있는지를 정확하게 파악할 수 있기 때문입니다. 수익과 비용의 관계를 제대로 이해하고 관리하는 것이 사업 성공의 핵심인 것이죠.

잘 버는데 왜 망할까?

매출이 크다고, 돈을 잘 번다고 사업을 잘하는 것일까요? 순식간에 전국 매장을 늘리며 승승장구하던 브랜드들이 어느 날 갑자기 사라지는 것을 종종 봅니다. 대왕카스테라, 카페베네 등 한때 승승장구하던 브랜드들은 왜 사라졌을까요? 답은 간단합니다. 번 돈보다 쓴 돈이 더 많았기 때문입니다. 브랜드 홍보를 위한 마케팅 비용뿐 아니라 매장을 늘리느라 빌린 돈이 급증하면서 이자비용도 많아졌겠죠.

이것이 바로 기업들이 비용관리에 집착하는 이유입니다. 기업들은 직원들이 피곤해할 정도로 비용절감 캠페인을 하고, 경리팀이 비용처리 전에 꼼꼼하게 서류를 검토하죠. 기업은 반드시 이익을 남겨야 생존할 수 있기 때문입니다.

손익관리 등식(수익 - 비용)을 보면, 번 돈이 쓴 돈보다 많으면 이익(흑자)이 발생하고 반대라면 손실(적자)이 발생합니다.

$$자산 = 부채 + \{자본 + 수익 - 비용\}$$

위의 생존등식에서 보듯이, 이익이 나면 자본이 증가하고 손실이 나면 자본이 감소합니다. 쉽게 말해 사업을 잘하면 내 돈이 늘어나고, 못하면 내 돈이 줄어드는 것입니다.

결국 생존은 이익에 달려 있다

자본을 늘린다는 것은 곧 이익을 낸다는 의미입니다. 예를 들어, 현재 수익이 1000만 원이고 비용이 600만 원이라면 이익은 400만 원입니다. 이익을 500만 원으로 늘리고 싶다면 두 가지 방법이 있습니다.

1. 수익을 100만 원 더 올리는 것
2. 비용을 100만 원 더 줄이는 것

이처럼 이익을 늘리는 방법은 수익을 늘리거나 비용을 줄이는 것, 이 두 가지뿐입니다. 따라서 사업의 생존을 위해서는 우선 수익과 비용을 정확히 파악해야 합니다. 그래야 현재 내 사업이 이익인지 손실인지 알 수 있고, 이익을 내는 생존전략을 짤 수 있기 때문입니다.

내 가게의
간단 손익계산서 작성하기

앞서 여러분은 손익관리 생존등식이 '수익-비용'임을 배웠습니다. 그럼 이를 활용해 자기 가게의 손익계산서를 완성해볼 차례입니다. 이 워크시트를 작성하면 가게의 손익구조를 단 1분 만에 파악할 수 있습니다. 아래의 예시를 참고해서 내 가게의 수익, 비용을 직접 기록해보세요.

수익 = 번 돈

1000만 원

비용 = 벌기 위해 쓴 돈

800만 원

이익 = 남은 돈(수익 〉비용) 또는 손실 = 까먹은 돈(수익 〈 비용)

200만 원

수익 = 번 돈

비용 = 벌기 위해 쓴 돈

이익 = 남은 돈(수익 〉 비용) 또는 손실 = 까먹은 돈(수익 〈 비용)

간단 손익계산서 작성 후 체크해야 할 세 가지 포인트

1. 이익(또는 손실)의 존재 여부: "나는 남기고 있는가?"

체크 포인트

수익 − 비용 = 이익(또는 손실)

이익이 플러스(+)인지, 마이너스(−)인지 점검합니다.

확인할 질문

이번 달에 실제로 돈이 남았나요? 아니면 돈을 까먹었나요?

손실이 발생했다면 비용이 과도한지, 수익이 부족한지 원인을 확인해야 합니다.

2. 비용 비율: "나는 번 돈 중 얼마나 쓰고 있나?"

체크 포인트

비용 ÷ 수익 × 100 = 비용 비율(%)

예: 비용 800만 원, 수익 1000만 원 → 비용 비율 80%

확인할 질문

비용이 수익의 몇 %를 차지하나요?

업종 평균(보통 60~80%)과 비교해 내 가게의 비용 구조는 효율적인가요?

3. 손익 추세: "이익이 꾸준히 증가하고 있나?"

체크 포인트

이전 달 또는 전년 동월과 비교하여 수익, 비용, 이익의 변화를 살펴봅니다.

예: 지난달 이익 200만 원 → 이번 달 이익 250만 원(+50만 원)

확인할 질문

이번 달 이익(또는 손실)이 지난달보다 증가했나요?

비용이 계속 증가하고 있지는 않나요?

Tip

작성한 간단 손익계산서를 기준으로 스스로의 가게 상태를 점검하세요.

- 이익이 없거나 손실이 발생했다면?
  비용을 줄일 방법을 찾아보거나, 수익을 늘릴 수 있는 마케팅 전략을 고민하세요.
- 비용 비율이 지나치게 높다면?
  비용 항목을 세부적으로 분석해 불필요한 지출을 줄이고, 비용 대비 효과가 낮은 부분을 개선하세요.
- 이익이 꾸준히 증가하지 않는다면?

이전 달 또는 전년과 비교해 수익과 비용의 변화 원인을 파악하고, 가격인상 또는 새메뉴 개발 등 이익개선 전략을 세우세요.

핵심 정리

수익: 번 돈	비용: 벌기 위해 쓴 돈
이익: 남은 돈	손실: 까먹은 돈

수익에 대한 위험한 착각

많이 벌면 많이 남는다?

많은 사장님들이 '수익(돈을 벌다) = 이익(돈이 남다)'라고 생각하는 위험한 착각에 빠져 있습니다. '많이 벌면 많이 남는다!'라는 생각이 수익의 함정, 일명 '개미지옥'에 빠지게 만듭니다. 수익의 이면에는 보이지 않는 비용이 숨어 있기 때문입니다. 진정한 등식은 다음과 같습니다.

수익(번 돈) - 비용(벌기 위해 쓴 돈) = 이익(남는 돈)

세상에 그냥 벌리는 돈은 없습니다. 돈을 버는 데는 반드시 비용이 발생합니다. 재료 구입, 인건비, 임차료, 광고비 등 셀 수 없이 많은 비용이 들어갑니다. 실제로 비용을 하나하나 적어보면 그 종류와 규모에 놀라게 됩니다.

왜 모두가 수익을 강조할까요? 간단합니다. 수익이 이익보다 크니까요. 직장인의 연봉과 실수령액을 생각해보면 이 점을 쉽게 알 수 있습니다. 가령 연봉 3600만 원의 직장인이라면 매월 300만 원을 꼬박꼬박 받을까요? 아니겠죠. 소득세, 주민세, 4대 보험비, 각종 공제금을 우선적으로 떼이니까요. 그러니 실제 통장으로 들어오는 돈은 260만 원가량일 겁니다.

백화점이나 홈쇼핑업체는 흔히 총거래액 규모를 강조하곤 하는데, 이 또한 마찬가지입니다. 그들이 기록한 총거래액에서 수수료 등 이런저런 것들을 제하고 나면 실제 매출은 그보다 꽤 낮다는 뜻이죠. 그럼에도 총거래액을 언급하고 내세우는 이유는, 큰 숫자가 더 보기 좋고 사람들의 관심도 보다 쉽게 끌 수 있기 때문입니다.

하지만 사업의 지속 가능성을 결정하는 것은 이익입니다. 아무리 많은 수익을 올려도 남는 것이 없다면, 즉 이익이 없다면 사업을 지속할 수 없습니다. 이익의 반대말인 손실(적자)을 영원히 버틸 수 있는 기업은 존재하지 않습니다.

비용관리는
셜록 홈스처럼

비용을 단순히 '쓰는 돈'으로 생각하고 계신가요? 그렇다면 잠시 멈춰서 비용의 본질을 다시 생각해봐야 합니다.

비용은 사실 '돈을 벌기 위해 쓰는 돈'입니다. 그렇기 때문에 직원 기분 맞추기용 복리후생비, 효과 없는 광고비, 과도하게 큰 사업장의 임차료 등 돈을 버는 것과 무관한 비용은 결국 손실로 이어집니다. 특히 이런 비용들은 방치하면 기하급수적으로 늘어난다는 특징이 있습니다.

개인사업자는 정말 바쁩니다. 기업처럼 부서별로 업무를 분담할 수 없어 계약부터 판매, 인사까지 모든 것을 혼자 해내야 하니까요. 이런 상황에서는 '어쩔 수 없지'라며 비용관리를 미루기 쉽습니다.

하지만 비용관리는 선택이 아닌 필수입니다. 비용을 정확히 계산하지 않으면 이익도 계산할 수 없고, 비용을 관리하지 않으면 이익도 관리할 수 없기 때문입니다. 탐정 셜록 홈스가 수사를 하듯 사장님들은 비용을 철저히 수사해야 합니다.

좀 더 구체적인 예를 들어 생각해보겠습니다. 이번 달에 번 돈(수익)이 100만 원이고, 쓴 돈(비용)이 110만 원이라 결과적으로는 10만 원의 손실을 입은 상황임을 가정해보죠.

우선적으로 해야 할 일은 110만 원의 비용이 어떤 이유로 나갔는지를 셜록 홈스처럼 자세히 들여다보는 것입니다. 그렇게 해보니 이 110만 원은 '재료비 30만 원, 임차료 20만 원, 인건비 25만 원, 수수료 10만 원, 소모품비 5만 원, 기타 비용 20만 원'이 합해진 것임을 알게 되었습니다.

이렇게 비용의 세부 항목들을 파악한 뒤에는 다음과 같은 질문들을 스스로 던져봐야 합니다.

"이 비용은 정말로 수익 창출에 필요한 비용일까?"

"이 비용은 관리가 가능한 비용일까?"

"이 비용 항목들 중 좀 더 줄일 수 있는 건 없을까?"

골똘히 궁리해보니 소모품비는 2만 원을 줄여 3만 원 정도로, 기타 비용은 13만 원을 줄여 7만 원 정도로 낮출 수 있을 거란 결론이 내려졌습니다. 이 계획을 그다음 달에 그대로 실행하면 비용은 95만 원으로 절감될 것입니다. 이번 달과 동일하게 다음 달에 100만 원을 벌더라도, 즉 수익이 100만 원이라 해도 비용을 이렇게 줄이면 '10만 원 손실'이 아닌 '5만 원 이익'이라는 결과를 거둘 수 있는 것이지요.

　이처럼 불필요한 비용을 제거하는 것만으로도 손실을 이익으로 전환할 수 있습니다. 비용관리의 시작은 모든 비용을 세세하게 기록하고 분석하는 것입니다. 1년 치 또는 한 달 치 비용을 최대한 세세히 쪼개서 리스트를 만들어보세요. 보이지 않던 비용이 보이기 시작하면, 진정한 이익의 모습이 드러날 것입니다.

08

성공한 사업에만 있는
선순환 구조

사업을 잘하면 이익이 계속 발생해 순자산, 즉 자본이 지속적으로 증가합니다. 이렇게 증가한 자본으로 새로운 투자를 할 수 있는데, 여기에는 두 가지 방향이 있습니다.

• 가게 자산 투자: 매장 확장, 새로운 설비 구입
• 개인 자산 투자: 부동산, 예적금 등 금융자산 투자

이처럼 '자본 증가 → 자산 투자 → 수익 창출 → 추가 자본 증가'로 이어지는 선순환 구조가 바로 성공한 사업의 특징입니다.

투자금 회수는 언제 하는 걸까?
투자금 회수는 내가 그 사업에 들인 돈의 두 배를 벌 때 이뤄

집니다. 예를 들어 6500만 원을 들여 가게를 차렸다면 이때의 6500만 원은 투자금, 즉 가게의 자산으로 묶이는 돈이 되죠. 그런데 그 가게를 잘 운영해 6500만 원을 벌었다면 이때 투자금 회수가 가능해집니다. 즉, 투자금을 회수했다는 건, 내가 투자한 돈과는 별개로 그만큼의 돈을 따로 벌었다는 뜻이죠. 여러분의 이해를 위해 보다 구체적으로 이 예를 살펴보겠습니다.

여러분이 자신의 자본 5000만 원, 그리고 은행에서 빌린 돈(부채) 1500만 원 등 총 6500만 원을 들여 가게를 열었다고 가정해보죠(이때 '자신의 자본'은 '초기 자본금'이라고 표현하기도 합니다). 그리고 영업을 해서 1500만 원의 이익이 발생했다면, 총자산은 6500만 원의 자본과 이익금을 더해 8000만 원이 될 것입니다.

돈을 벌었으니 일단 부채부터 갚아볼까요? 이 8000만 원에서 1500만 원의 부채를 상환하면 총자산은 6500만 원이 됩니다. 부채는 0이 되고, 총자산은 내 초기 자본금 5000만 원과 이익 1500만 원이 합쳐진 금액이죠.

이 상태에서 여러분이 장사를 계속 잘해나가다 보니 5000만 원의 이익을 더 거두는 시점이 왔습니다. 이때의 총자산은 1억 1500만 원이겠지요. 초기 자본금 5000만 원과 그간 거둔 이익의 총합 6500만 원(1500만 원 + 5000만 원)을 합한 금액입니다.

이상의 내용을 생존등식으로 표현해보면 다음과 같습니다.

- 초기:

  자산 6500만 원 = 부채 1500만 원 + 자본(초기 자본금) 5000만 원
- 이익 발생(+1500만 원) 후:

  자산 8000만 원 = 부채 1500만 원 + 자본 6500만 원(초기 자본금 5000만 원 + 이익 1500만 원)
- 부채 상환(-1500만 원) 후:

  자산 6500만 원 = 부채 0원 + 자본 6500만 원
- 추가 이익 발생(+5000만 원) 후:

  자산 1억 1500만 원 = 자본 1억 1500만 원(초기 자본금 5000만 원 + 총이익 6500만 원)

자, 이렇게 6500만 원의 총이익이 발생함에 따라 여러분은 초기 투자금(=초기의 자산)인 6500만 원을 회수할 수 있게 되었습니다. 축하합니다.

이제 이렇게 회수한 투자금으로 여러분은 기존 매장에 재투자를 하거나, 2호점을 개업하거나, 혹은 개인적으로 재테크를 하겠다는 등 다양한 결정을 내릴 수 있습니다.

절대 피해야 할 완전자본잠식 상태

반면 실패하는 사업은 반대의 길을 걷습니다. 비용이 수익을 초과하여 손실이 발생하고, 이 손실이 자본을 갉아먹죠. 그리고 결국에는 자본이 마이너스가 되는 '완전자본잠식' 상태, 즉 내 돈은 완

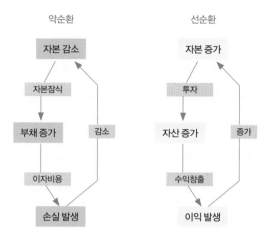

악순환   선순환

자본 감소   자본 증가

│ 자본잠식   │ 투자

부채 증가   감소   자산 증가   증가

│ 이자비용   │ 수익창출

손실 발생   이익 발생

전히 사라지고 갚아야 할 빚만 남은 상태에 빠집니다.

이 상황에서 무리하게 사업을 지속하면 다음과 같이 더 큰 위험
에 빠질 수 있습니다.

- 손실 증가
- 운영자금 부족으로 추가 대출
- 기존 대출 상환을 위한 추가 대출
- 제2금융권까지 손을 대면서 부채와 이자비용 급증

따라서 완전자본잠식 상태에 빠지기 전에 적절한 시점에서 사
업을 정리하는 편이 현명합니다. 최소한의 순자산(내 돈)을 지키고
새로운 시작을 준비하는 것이 더 나은 선택일 수 있습니다.

프랜차이즈를 고민한다면
반드시 가맹사업정보제공시스템 확인을!

프랜차이즈 창업을 고민하고 계신가요? 공정거래위원회와 상가정보연구소의 충격적인 자료에 따르면, 주요 외식 프랜차이즈 본사 열 곳 중 두세 곳이 완전자본잠식 상태라고 합니다. 특히 제과제빵, 아이스크림·빙수, 커피 업종에서 자본잠식 비율이 높게 나타났습니다.

이는 매우 심각한 문제입니다. 본사가 완전자본잠식 상태라는 것은 빚만 가득한 상태임을 의미하기 때문입니다. 이런 상황에서 어떻게 가맹점을 제대로 지원하고 성공으로 이끌 수 있을까요?

이와 관련된 대표적 사례가 바로 카페베네입니다. 카페베네의 실패는 여러 원인이 복합적으로 작용한 결과입니다.

첫째, 가맹점 위주의 불안정한 사업구조가 문제였습니다. 카페베네 본사는 수익의 대부분을 가맹점 출점에 의존했기 때문에, 지속적으로 새로운 가맹점을 늘려야만 수익을 유지할 수 있었습니다. 마치 자전거를 계속 페달을 밟아야만 넘어지지 않는 것처럼 이는 매우 불안정한 구조였습니다.

둘째, 무리한 임차료 부담이 있었습니다. 뉴욕 맨해튼 타임스퀘어와 같은 최고 상권에 매장을 내면서 엄청난 임차료를 감당해야 했죠. 이러한 고비용 구조는 수익성을 크게 악화시켰습니다.

셋째, 과도하게 빠른 사업 확장으로 부채가 급증했습니다. 카페베네는 단기간에 1000호점을 넘어 1만 호점을 목표로 할 만큼 공격적으로 확장을 추진했고, 이 과정에서 막대한 부채가 발생했습니다. 수익은 제한적인데 비용과 부채만 늘어났던 것입니다.

결국 이러한 요인들이 복합적으로 작용해 카페베네는 2017년 389억 원의 대규모 손실을 입었고, 완전자본잠식 상태에 빠져 법정관리라는 최악의 상황에 이르렀습니다. 약 500개의 매장이 문을 닫았으며 많은 가맹점주들이 피해를 입었죠. 이는 무리한 확장과 불안정한 수익구조가 얼마나 위험한지를 보여주는 대표적인 사례입니다.

따라서 프랜차이즈 창업을 고민하신다면, 반드시 공정거래위원회 가맹사업정보제공시스템에 있는 정보공개서에 들어가 해당 기업의 재무제표를 꼼꼼히 확인해봐야 합니다. 본사의 재무건전성은 가맹점의 생존과 직결되기 때문입니다. 한순간의 잘못된 선택은 모든 것을 잃는 결과로 이어질 수 있습니다.

공정거래위원회 가맹사업정보제공시스템(https://franchise.ftc.go.kr/)

남겨야 산다

사장님들에게 묻겠습니다. 돈을 버는 것과 모으는 것, 무엇이 더 중요할까요? 많은 기업들이 수익에만 집착하다가 사라진 이유는 명확합니다. '버는 것'만으로는 생존할 수 없기 때문입니다.

매출이 증가하고 점포 수가 늘어나면 회사가 성장하고 있다고 착각하기 쉽습니다. 이런 착각에 빠진 사장님들은 고급차를 구입하거나 불필요한 사치성 비용을 지출하고 사업을 과도하게 확장하곤 하는데, 이는 대개 위험한 결과로 이어집니다.

하지만 이런 기업들의 회계정보를 자세히 들여다보면, 수익이 늘수록 오히려 손실이 커지는 최악의 구조에 빠져 있는 경우가 많습니다. 이익은 없고 대출로 현금을 조달하여 돌려막기를 하는 '좀비 기업'이 되어버린 거죠. 이런 상태에서 예기치 못한 위기가 닥치면 순식간에 무너질 수 있습니다.

매출은 정말 중요합니다. 하지만 '매출만이 살 길이다!'라는 생각은 매우 위험한 착각입니다. 진정한 생존과 성장을 위해서는 이익을 내고, 순자산(자본)을 증가시키며, 현금흐름을 철저히 관리하면서 미래 성장을 준비해야 합니다.

장수하는 기업들의 특징은 매출이 늘어도 비용을 함부로 늘리지 않는다는 것입니다. 이들은 예산을 철저히 점검하고, 불필요한 비용은 절감하며, 수익 기여도에 따라 비용을 관리하면서 이익 극대화에 집중합니다.

이것이 바로 회계 시스템의 본질입니다. 이익을 내야 자본이 증가하고, 증가한 자본으로 새로운 투자가 가능해집니다. 이러한 선순환 구조만이 진정한 생존과 성장을 가능하게 합니다.

결론은 명확합니다. 남겨야 삽니다.

3장

손익계산서로 내 가게의 숫자를 읽다

"지붕은 햇빛이 밝을 때
수리해야 한다."

– 존 F. 케네디John F. Kennedy

3   회계는 계기판이다

사장님, 운전면허 있으시죠? 장롱면허라도 괜찮습니다. 운전석에 앉으면 가장 먼저 보이는 게 뭔가요? 맞습니다. 바로 계기판입니다. 속도, 연료, 엔진 상태를 한눈에 보여주는 중요한 도구죠.

솔직히 계기판 없이도 운전을 할 수는 있습니다. 내비게이션만 보며 목적지까지 가면 되니까요. 하지만 문제는 차의 상태를 전혀 모르는 채로 달리다 보면 위험이 다가오는 것도 알아채지 못한다는 것입니다.

저도 계기판을 제대로 확인하지 않아 큰일 날 뻔했던 적이 있어요. 식구들과 천문대를 보고 오는 중에 엔진 경고등이 들어오더니, 차가 갑자기 멈추더라고요. 정비사랑 통화하며 끙끙대다가 겨우 시동을 걸었죠. 나중에 정비사가 "이 상태로 계속 다녔다면 일주일 안에 차가 완전히 망가질 뻔했어요" 하더군요. 정말 아찔했죠.

계기판은 단순한 장식이 아닙니다. 차의 상태를 알려주고, 문제를 미리 파악해 대처할 수 있도록 돕는 생명줄 같은 존재입니다.

　그렇다면 회계는 뭘까요? 가게 운영의 계기판입니다. 계기판이 속도와 연료, 엔진 상태를 보여주듯 회계는 가게의 매출, 비용, 이익 같은 중요한 숫자를 보여줍니다. 오늘 장사는 잘됐는지, 어디서 돈이 새고 있는 건 아닌지, 지금 가게가 안전하게 운영되고 있는지 등을 모두 회계가 알려주죠. 그렇기에 회계를 모르는 채로 가게를 운영하는 건 마치 자동차에서 계기판을 없앤 채로 운전하는 것과 같습니다. 차를 운전하며 수시로 계기판을 확인하듯, 회계를 통해 가게의 상태를 수시로 점검해야 합니다. 숫자는 거짓말을 하지 않으니까요.

　사장님, 이제 회계라는 계기판을 활용해 가게를 더 안전하고 효율적으로 운영해보세요. 눈앞의 숫자가 장사의 새로운 길을 열어줄 겁니다!

손익계산서를 당장 만들어야 하는 이유

회계 시스템의 핵심, 손익계산서

저는 매달 손익계산서를 작성할 때마다 가슴이 두근거립니다. 매일 결산을 통해 대략적인 손익을 알고 있어도, 손익계산서를 작성하는 순간에는 늘 긴장되더라고요.

사업 초기에는 매출이 나쁘지 않았음에도 통장 잔고가 점점 줄어들더군요. 원인을 파악하기 위해 부랴부랴 손익계산서를 만들어보고 나서 경악했던 그 순간이 아직도 생생합니다. 눈앞에 뭉크의 '절규'가 떠올랐죠.

손익계산서는 진실을 보여줍니다. 내가 이익을 내고 있는지 손실을 보고 있는지가 냉정하게 드러나는 리트머스 시험지와도 같죠. 그러니 내 가게의 실태를 정확히 파악하려면 손익계산서를 만들어야 합니다. 지금 당장 말입니다.

손익계산서는 사업의 성적표다

손익계산서는 가게에서 번 돈(수익), 쓴 돈(비용) 그리고 남긴 돈(이익)을 보여주는 성적표입니다. 생존등식 기억나시죠? '자산 = 부채 + {자본 + 수익 − 비용}'에서의 '수익 − 비용'에 해당하는 것이 손익계산서입니다.

손익계산서의 구성

기업의 손익계산서를 예로 들어볼까요? 다음은 대한민국 1등 기업 삼성전자의 손익계산서입니다.

연 결 손 익 계 산 서
제 56 기 : 2024년 1월 1일부터 2024년 12월 31일까지
제 55 기 : 2023년 1월 1일부터 2023년 12월 31일까지

삼성전자주식회사와 그 종속기업　　　　　　　　　　　　　(단위 : 백만원)

과　　　목	주석	제 56 (당) 기		제 55 (전) 기	
I . 매　출　액	29		300,870,903		258,935,494
II . 매　출　원　가	21		186,562,268		180,388,580
III . 매　출　총　이　익			114,308,635		78,546,914
판매비와관리비	21, 22	81,582,674		71,979,938	
IV . 영　업　이　익	29		32,725,961		6,566,976
기　타　수　익	23	1,960,338		1,180,448	
기　타　비　용	23	1,625,229		1,083,327	
지　분　법　이　익	9	751,044		887,550	
금　융　수　익	24	16,703,304		16,100,148	
금　융　비　용	24	12,985,684		12,645,530	
V . 법인세비용차감전순이익			37,529,734		11,006,265
법 인 세 비 용(수 익)	25	3,078,383		(4,480,835)	
VI . 당 기 순 이 익			34,451,351		15,487,100
지배기업 소유주지분			33,621,363		14,473,401
비지배지분			829,988		1,013,699
VII . 주　당　이　익	26				
기본주당이익(단위 : 원)			4,950		2,131
희석주당이익(단위 : 원)			4,950		2,131

매우 단순하고 명료하죠? 투자자들은 이 손익계산서를 통해 기업의 수익성과 성장성을 평가하고 투자 여부를 결정합니다.

기업처럼 손익계산서 만드는 법을 배우면 옆 페이지에서 알 수 있듯 다양한 항목들을 채우게 됩니다. 하지만 이런 손익계산서를 작성하면 생존에 필요한 핵심 정보를 놓칠 수 있습니다. 즉, 우리에게는 아무 소용이 없는, 쓸데없는 손익계산서인 것이죠.

가게를 운영하는 사장님에게 필요한 건 매출, 비용, 이익의 실질적인 흐름을 명확히 보여주는 손익계산서입니다. 우리가 만들 손익계산서를 들여다볼까요?

삼성전자의 손익계산서는 매출액으로 시작해 매출원가, 매출총이익, 판매비와관리비 그리고 영업이익으로 이어집니다. 우리의 손익계산서는 매출액으로 시작해 변동비, 생존이익, 고정비, 영

손익계산서	
내역	금액
매출액(A)	10,000,000
변동비(B)	4,000,000
생존이익(C = A − B)	6,000,000
고정비(D)	4,200,000
영업이익(E = C −D)	1,800,000

업이익으로 이어지고요.

삼성전자와 비슷한 점은 매출액으로 시작해서 영업이익으로 이어진다는 거고, 다른 점은 삼성전자에 있는 매출원가, 매출총이익, 판매비와관리비가 우리 손익계산서에서는 변동비, 생존이익, 고정비로 대체된다는 겁니다.

손익계산서는 단순히 숫자를 나열하는 표가 아니라 가게의 생존력을 높이는 중요 정보들을 제시하는 자료입니다. 그런 중요 정보들로는 어떤 것들이 있는지 구체적으로 알아보겠습니다.

운영 성적 평가

손익계산서를 작성하면 자신이 가게를 잘 운영했는지 아닌지 그 성적을 평가할 수 있습니다. 비용을 효율적으로 썼는지, 새어나가 낭비된 돈은 없는지 점검할 수 있죠. 또한 운영 계획에 맞춰 실적이 제대로 나왔는지의 비교도 가능합니다. 영업이 잘 이뤄졌는지 아닌지 확인하고, 매출이나 비용이 증가 혹은 감소한 부분의 원인도 분석할 수 있습니다.

손익분기점 매출액 계산

사장님이라면 손익분기점 매출액을 반드시 계산할 수 있어야 합니다. 손익분기점 매출액은 "이익도 손실도 나지 않으려면 이만큼을 팔아야 해!"라고 알려주는 정보입니다. 전문용어(?)로는 흔히 '뚠뚠'이라 하죠. 영어로는 BEP^{Break-Even Point}라 하는데, '벱'이 아닌

'비이피'로 읽습니다.

손익분기점 매출액, 즉 가게의 생존을 보장하는 최소 매출액은 손익계산서를 통해 계산할 수 있습니다. 그저 막연히 '임차료 정도만 벌어도 똔똔이지'라고 생각하는 사장님이라면 손익분기점 매출액을 정확히 계산해보세요. 매출액 뒤에 숨어 있는 비용들을 하나하나 캐내보는 겁니다. 그 비용이 얼마나 많은지를 손익계산서로 파악하고 나면 아마 소름 끼치실 겁니다.

사업 초기에는 곧바로 이익을 내기가 쉽지 않습니다. 그렇기에 '이제 손해 보지 않는다!', 즉 손익분기점 매출액을 달성해 생존권에 들어가는 것을 1차 목표로 삼아야 합니다. 그렇게 생존권에 진입했다면 그다음엔 '한 달에 이만큼을 벌어 가져가자!'라는 2차 목표를 세웁니다. 자신이 목표하는 이익을 낼 만큼 성장하는 겁니다. 손익분기점 매출액 계산법을 알면 1차 목표(생존)와 2차 목표(성장)를 세울 수 있을 뿐 아니라, 투자금 회수가 가능한 시점도 예측할 수 있습니다.

생존이익률 파악

먼저 생존이익이란 '생존하려면 이만큼을 남겨야 해!'를 알려주는 이익입니다. 매출액에서 변동비를 뺀 나머지가 생존이익에 해당하죠.

$$매출액 - 변동비 = 생존이익$$

생존이익률은 이러한 생존이익이 매출액에서 차지하는 비율입니다. 생존이익을 매출액으로 나누면 구할 수 있죠.

$$생존이익 \div 매출액 = 생존이익률$$

매출액에서 생존이익이 차지하는 비중이 높을수록 생존이익률도 높아집니다. 생존이익률이 높아지면 사업의 생존력이 강화되죠. 때문에 생존이익률은 가격 결정, 이벤트 기획, 채용 등 다양한 의사결정의 기준이 됩니다. 이를 잘 활용하면 사장님 손에 남는 게더 많아지죠.

납부할 소득세 계산
"야구는 끝날 때까지 끝난 게 아니다"라고들 하지만, 장사는 세금 납부까지 끝내야 끝난 겁니다. 손익계산서는 얼마를 벌고, 얼마를 썼고, 얼마가 남았는지 보여줍니다. 손익계산서 하단의 '영업이익'이 바로 남은 돈이고, 이 금액이 소득세 계산의 대상이 됩니다. 1년 치 영업이익에 해당 세율을 곱하면 납부할 소득세를 대략 계산할 수 있습니다.

생존과 성장을 위한 도구, 손익계산서
손익계산서가 제공하는 정보는 다시 한번 정리해볼까요?

- 성과와 효율성 평가
- 손익분기점 매출액 계산
- 생존이익률 분석
- 소득세 예측

사장님은 이 정보들은 통해 가게의 생존력을 높이고, 성장 전략을 수립할 수 있습니다.

02
손익계산서를 볼 때
비율을 보라!

몸매가 좋은 사람들을 보고 흔히들 비율이 좋다고 하죠. 제 몸의 비율은 머리 20, 상체 40, 하체 40으로 사각형 형태입니다. 그래서 한 번만 봐도 뇌리에 남습니다.

손익계산서를 볼 땐 비율을 봐야 손익구조를 한눈에 파악할 수 있습니다. 금액은 머리에 남지 않지만 비율은 '변동비'와 '생존이익', '고정비', '영업이익' 등의 네 개만 머릿속에 넣어도 내가 장사를 잘하고 있는지 바로 알 수 있습니다. 매출액은 어차피 100%니까요.

손익계산서에서 가장 중요한 매출액, 변동비, 생존이익, 고정비, 영업이익은 금액으로 나타나지만, 금액 옆에 비율을 반드시 표시해야 합니다. 매출액을 100으로 놓고, 각 항목을 매출액으로 나눈 값에 100을 곱하면 비율을 구할 수 있습니다. 금액을 보지 않

내역	금액	비율 (%)
매출액(A)	10,000,000	100
변동비(B)	4,000,000	40
생존이익(C = A − B)	6,000,000	60
고정비(D)	4,200,000	42
영업이익(E = C − D)	1,800,000	18

아도 이 비율을 보면 손익구조를 직관적으로 이해할 수 있습니다.

예를 들어, "우리 가게의 매출액이 100이라면, 변동비 40%, 생존이익 60%, 고정비 42%야. 영업이익이 18% 정도 되지"라는 식으로 비율을 분석하면 이익률이 자연스럽게 머릿속에 그려지고, 손익구조를 명확히 이해할 수 있습니다.

비율로 문제를 분석하면 목표를 세울 수 있다

비율을 활용하면 월별 증감도 쉽게 분석할 수 있습니다.

"변동비가 지난달에는 38%였는데 이번 달에는 40%네. 왜 이렇게 늘었지? 재료비를 살펴볼까?"

이처럼 비율을 확인하며 손익의 변화를 분석하고 개선할 수 있는 것이죠.

1년 치 회원비를 한 번에 내고 한 달은 열심히 다니다가 나머지

기간에는 안 나간다는 헬스클럽, 다들 한 번씩은 가보셨죠? 가면 트레이너가 BMI(체질량지수)를 재는 인바디 기계에 세웁니다. "고도비만이시네요"라는 트레이너의 한마디에 인바디 기계를 부수고 싶어지죠. 고도비만인 이유는 체지방률이 보여줍니다. 만약 체지방률이 35.5%라면 트레이너가 "저와 같이 열심히 운동하면서 20%대로 낮춰보시죠!"라며 PT 받을 것을 독려하죠. 그때부터 트레이너는 체지방률 20%대를 목표로 설정하고, 성과를 확인하며 관리해줄 겁니다.

손익계산서를 작성할 때에도 이처럼 꼭 비율을 계산해야 합니다.

비율은 단순한 숫자가 아니라 손익구조를 직관적으로 보여주는 핵심 지표이기 때문입니다.

03

손익계산서 마스터하기

얼마를 벌었니? 매출액

다음 페이지의 손익계산서는 카페, 식당, 공간 대여 등 오프라인 사업자를 위한 것과 온라인 사업자를 위한 것으로 나뉩니다. 가게를 운영 중이라면 이런 손익계산서를 반드시 사용해야 합니다. 네이버 스마트스토어나 아이디어스처럼 온라인 판매만 하는 사장님이라면 손익계산서의 비율을 유심히 살펴보세요.

손익계산서를 한눈에 살펴보면 '매출액 → 변동비 → 생존이익 → 고정비 → 영업이익' 순서로 구성됩니다. 손익관리 등식인 '수익 – 비용'을 설명하면서 말했듯 손익계산서는 '수익'과 '비용'으로 이루어져 있으며, 수익은 '매출액', 비용은 '변동비'와 '고정비'로 나뉩니다. 쉽게 말해, 매출액에서 비용들을 하나씩 빼가며 실제 남는 돈, 즉 이익을 확인하는 구조인 것이죠. 그에 따라 위의 숫자는 크고 아래로 갈수록 숫자가 점점 작아지는 역삼각형 모양이 됩니다.

손익계산서(오프라인용)		손익계산서(온라인용)	
내역	비율(%)	내역	비율(%)
매출액(A)	100	매출액(A)	100
변동비(B)	40	변동비(B)	55
생존이익(C = A – B)	60	생존이익(C = A – B)	45
고정비(D)	42	고정비(D)	12
영업이익(E = C –D)	18	영업이익(E = C –D)	33

돈이 얼마나 남는지는 두 군데에서 확인할 수 있습니다. '생존이익'과 '영업이익'이죠. 매출액에서 변동비를 빼면 '생존이익'이고, 생존이익에서 고정비를 빼면 '영업이익'이 됩니다.

손익계산서를 통해 이 두 가지 이익(생존이익, 영업이익)을 볼 수 있으며, 영업이익은 소득세를 계산하는 기준이 됩니다.

쉽죠? 그럼 이제 매출액부터 자세히 알아보겠습니다.

매출액 탄생의 비밀: 벌었다고 다 내 돈은 아니다

손익계산서의 첫 항목인 매출액은 두 가지로 나뉩니다. 바로 '공급가액(진짜 번 돈)'과 '부가세액(국가에 납부할 세금)'입니다. 다음의 예를 보죠.

내역	세부	금액	비율(%)
매출액(A)	공급가액	21,818,182	90.9%
	부가세액	2,181,818	9.1%
	매출액(A)	24,000,000	100.0%

손익계산서를 보니 매출액이 2400만 원이네요. 이를 공급가액과 부가세액으로 각각 나눠보겠습니다.

- 공급가액 = 매출액 ÷ 1.1 = 2182만 원(사장님이 진짜 번 돈)
- 부가세액 = 매출액 – 공급가액 = 218만 원(국가에 납부할 세금)

매출액은 고객이 결제한 총금액이지만, 그 안에는 부가세가 포함되어 있습니다. 즉, 매출액 전체가 사장님의 돈인 건 아닌 겁니다. 매출액 중 공급가액만이 실제로 번 돈에 해당하죠.

부가세가 내 돈이 아닌 이유

사업을 통해 부가가치를 창출하면 그에 따른 부가가치세를 국가에 납부해야 합니다. 예를 들어, 커피 한 잔을 5500원에 판매했다면 5000원은 커피 매출액(공급가액)이고 500원은 부가세입니다.

이처럼 고객이 결제한 부가세는 사장님이 고객 대신 납부하는 세금입니다. 사장님 돈이 아니기 때문에 내 돈처럼 쓰면 안 되죠.

매출액 전체를 사장님 돈으로 착각하지 마세요. 공급가액(진짜 번 돈)과 부가세(납부할 세금)를 명확히 구분해야 합니다. 그래야 실제 부가세를 납부할 때 쪼들리지 않습니다.

매출액 전체를 수익으로 오해하면 사업 관리를 제대로 할 수 없습니다. 실제 번 돈(공급가액)을 기준으로 사업 상태를 판단하세요.

부가세 신고 때마다 "세금 때문에 남는 돈이 없다"라고 말하는 사장님들이 많습니다. "국가가 나에게 뭘 해줬다고 부과세를 부과하나!" 하는 분도 계시는데 '부과세'가 아니라 '부가세'입니다. 그리고 부가세는 고객으로부터 이미 받은 돈에서 납부하는 것이지, 추가로 부담되는 세금이 아닙니다.

부가세 납부용 통장을 만들자

부가세 신고납부 기간이 되면 허둥대는 사장님들이 꽤 계십니다. 부가세를 납부할 만한 현금이 없기 때문이죠. 이런 분들을 위해 한 가지 팁을 드리자면, '부가세 통장'을 만드는 것이 좋습니다.

부가세 통장은 손익계산서상에서 계산된 부가세의 50%만큼을 적립해나가는 통장입니다. 100%가 아닌 50%만을 적립하는 이유는, 사업을 위해 돈을 쓴 것에 대해 국가가 부가세를 빼주기 때문입니다. 또 현금흐름에도 문제가 있을 수 있으니 여유를 두자는 의미도 있습니다. 제가 추천하는 방법은, 매일매일 이자를 주는 파킹 통장을 하나 만들고 거기에 부가세의 50%를 적립해나가는 것입니다.

매년 두 번(1월 25일, 7월 25일)씩 부가세 신고납부를 하는 일반과세자라면 6개월 만기의 적금통장을 만들고 매달 부가세에 해당하는 돈을 납입할 수도 있습니다. 예를 들면 7월에 부가세 납부용 적금통장을 만들어 12월까지 납입하고, 이듬해 1월이 오면 만기해지해서 1월 25일에 부가세를 신고납부하는 식으로요.

이렇게 납부에 대한 준비를 미리미리 매달 해나가면 부가세 신고납부 기간에 현금이 없어 쩔쩔매는 낭패를 피할 수 있습니다. 아래를 참고해 자신이 간이과세자인지 일반과세자인지를 우선 알아보고, 그에 맞춰 부가세 납부를 준비해보세요.

- 간이과세자: 연간 매출액이 1억 400만 원 미만인 사업자(1년에 1번, 1월 25일까지 신고납부)
- 일반과세자: 연간 매출액이 1억 400만 원 이상인 사업자(1년에 2번, 7월 25일과 1월 25일에 신고납부)

04

손익계산서 마스터하기

매출만 졸졸 따라다니는 스토커, 변동비

이제 비용으로 넘어가볼까요? 가게를 운영하는 사장님이라면 반드시 알아야 할 두 가지 비용이 있습니다. 바로 '변동비'와 '고정비'입니다. 그중 우선은 변동비에 대해 알아볼게요.

매출 스토커, 변동비

변동비는 스토커입니다. 매출만 졸졸 따라다니거든요. 그렇다 해서 경찰서에 신고하실 필요는 없습니다.

'변동비'라는 이름이 붙은 이유는, 매출에 따라 이 비용이 변하기 때문입니다. 매출이 늘면 변동비도 늘고, 반대로 매출이 줄면 변동비 또한 줄죠. 그렇기에 매출이 전혀 없다면 변동비 또한 없습니다. 쉽게 말해, 판매량에 따라 늘어나거나 줄어드는 비용이 변동비라고 이해하시면 됩니다. 변동비의 주된 종류로는 재료비, 판매

변동비(B)	재료비	8,976,000	37.4%
	판매수수료	3,000,000	12.5%
	결제수수료	240,000	1.0%
	변동비 합계(B)	**12,216,000**	**50.9%**

수수료, 결제수수료, 수도와 가스 사용료 등이 있습니다.

오프라인 사업에서의 변동비

카페를 예로 들어볼게요. 커피 매출이 늘어나면 원두값, 우윳 값, 커피용기값 등 재료비가 상승할 겁니다. 요즘은 대개의 고객이 카드로 결제하니 카드결제수수료도 함께 늘어나겠죠. 또 배달 앱 으로 주문하는 고객들도 있으니, 배달수수료 또한 매출에 따라 증 가할 테고요. 물과 얼음의 사용량이 늘어 수도료도 증가합니다.

온라인 쇼핑몰 사업에서의 변동비

그럼 온라인 쇼핑몰 사업은 어떨까요? 온라인 쇼핑몰 사업에 있어 가장 대표적인 변동비는 상품매입비입니다. 그에 더해 상품 을 포장하는 데 들어가는 포장비, 택배로 보내는 데 필요한 배송 비, 그리고 결제수수료와 쇼핑몰판매수수료도 변동비에 포함되 죠. 가령 네이버 스마트스토어를 운영하는 사장님이라면 네이버 쇼핑 매출연동수수료, 결제수수료, 택배비, 포장비 등이 주요 변동 비에 해당합니다.

스토어 개설/상품 등록/판매 수수료

· 무료

네이버쇼핑 유입수수료 (VAT 포함)

· 2%

네이버페이 주문관리 수수료 (VAT 포함)

· 영세 (연 매출 3억원 이하): 1.98%
· 중소1 (연 매출 3~5억원): 2.585%
· 중소2 (연 매출 5~10억원): 2.75%
· 중소3 (연 매출 10~30억원): 3.025%
· 일반 (연 매출 30억원 이상): 3.63%

참고로 온라인 쇼핑몰 사업자의 손익계산서를 살펴보면, 변동비 항목들에는 숫자가 꽉 차 있는 반면 고정비는 비교적 적습니다. 특히 1인 사업자의 경우, 별도의 판매공간 임차료나 직원 인건비가 없어 고정비가 거의 발생하지 않습니다. 반면 오프라인 사업의 경우엔 매장이라는 판매공간이 있을 테니 변동비뿐 아니라 고정비(임차료)도 손익계산서에 함께 반영됩니다.

눈에 보이지 않아서 무서운 변동비

사장님들이 많이 놓치고 있는 비용이 바로 변동비입니다. 고객이 카드로 결제하면 결제수수료를 뺀 나머지 돈이 통장에 입금됩니다. 결제수수료가 보이지 않죠. 배달앱에서 결제할 경우에도 마찬가지로 수수료와 배달비를 뺀 나머지 돈이 통장에 입금되기 때문에 변동비를 놓치면 내가 진짜 남기는 것이 얼마인지 절대 알 수 없죠. 배달플랫폼에서 정산하는 배달대행수수료와 각종 판촉비를 놓치는 사장님들이 정말 많습니다. 말 그대로 돈이 줄줄 새고 있는 것입니다.

매출에 따라 변하는 비용인 변동비를 철저히 파악하고 관리해야 합니다. 변동비는 생존이익을 결정하는 중요한 비용이기 때문입니다. 다시 말해 변동비가 곧 생존을 결정합니다.

매출이 늘어날수록 변동비도 늘어나고, 매출이 줄어들면 변동비도 줄어든다고 앞서 말씀드렸죠? 그러니 변동비는 가게마다 다릅니다. 또 가게의 규모와 형태(예를 들어 식당이냐 무인가게냐 온라인쇼핑몰이냐)에 따라서도 다르게 나타날 수 있으니, 내 가게의 변동비가 무엇인지 꼼꼼히 파악해보세요!

변동비를 현명하게 줄이는 방법

필요한 만큼만 똑똑하게! 재료비

재료비 관리의 핵심은 '적정 재고관리'입니다. 가게에서 가장 많이 버리는 건 결국 남은 재료입니다. 재고관리 장부를 만들어 재고회전율을 주기적으로 확인하세요.

로스를 줄이는 메뉴 설계도 중요합니다. 팔리지 않는 재료가 생기지 않도록 기존 재료를 활용한 신메뉴를 개발해보세요. 예를 들어 샐러드 재료가 남았다면 샌드위치나 건강 주스로 메뉴를 확장할 수 있습니다.

공동구매와 협상도 활용하세요. 동네 다른 사장님들과 함께 재료를 공동구매하면 단가를 낮출 수 있습니다. 납품업체와 정기적으로 가격 협상도 꼭 하세요.

시기별 가격 변동에 대비하세요. 딸기, 감자 같은 제철 식재료는 수요가 많아질 때 가격이 오르니, 제철이 시작되기 전에 미리 매입해두면 비용을 절감할 수 있습니다.

똑똑한 배달 전략, 배달수수료

배달앱 사용 시 수수료가 낮은 플랫폼을 적극 활용하세요. 배달의민족, 땡겨요 등 여러 플랫폼을 비교해서 가장 유리한 조건을 찾고, 플랫폼에서 지원해주는 입점 프로모션을 적극적으로 활용하면 좋습니다.

배달 매출이 전체 매출에서 차지하는 비율을 분석하고, 무료배달 이벤트나 적립제를 통해 고객을 유입시키세요. 단, 수익성이 보장되는 선에서만 진행해야 합니다.

직접 배달을 할 수 있다면 반경을 좁게 설정하세요. 배달비를 절감하고 효율을 높일 수 있습니다.

작지만 모이면 큰 비용 절감, 포장비

포장재는 반드시 비교 견적을 받아 구매하세요. 같은 품질이라도 납품업체에 따라 가격 차이가 큽니다.

브랜드 로고가 없는 포장재를 사용하면 더 저렴하게 구입할 수 있습니다. 대신 스티커나 도장을 활용해 가게 개성을 살려보세요.

친환경 포장재 사용도 비용 절감에 효과적입니다. 초기에는 단가가 높아 보이지만, 환경을 생각하는 고객들이 더 자주 찾게 되어 장기적으로는 매출 상승으로 이어질 수 있습니다.

공급업체와의 관계는 장기적 파트너십으로

재료를 정기적으로 구매한다면 장기 계약으로 단가를 낮출 수 있습니다. 꾸준히 거래를 유지하며 신뢰를 쌓으면 좋은 조건을 제안받기도 합니다.

납품업체를 주기적으로 변경하거나 비교하세요. 처음 거래할 때는 서로 간의 신뢰가 없기 때문에 조건이 불리할 수 있습니다. 꾸준한 시장조사를 통해 최적의 가격을 유지하세요.

핵심재료의 경우 두 군데 이상의 납품업체를 꼭 확보하세요. A업체의 재료가격이 인상되면 B업체의 재료가격을 확인해보고, 더 유리한 곳에서 주문해야 합니다.

주기적으로 대량배송이 발생하면 택배업체와 택배비 협상을 할 수 있습니다. 건당 택배비를 낮출 수 있다면 정말 좋겠죠. 이런 식으로 변동비를 줄이면 생존이익으로 돌아온다는 사실, 꼭 기억하세요!

손익계산서의 주인공, 생존이익

매출액에서 변동비를 빼면 생존이익이 나옵니다. 식으로는 다음처럼 나타낼 수 있죠.

매출액 - 변동비 = 생존이익

생존이익은 말 그대로 사업이 살아남기 위해 반드시 필요한 이익입니다. 매출에서 차지하는 생존이익의 크기가 크면 클수록 사업의 생존력도 높아지기 때문에, 생존이익은 매우 중요한 지표입니다.

내역	세부	금액	비율(%)
매출액(A)	공급가액	21,818,182	90.9%
	부가세액	2,181,818	9.1%
	매출액(A)	24,000,000	100.0%
변동비(B)	재료비	8,976,000	37.4%
	판매수수료	3,000,000	12.5%
	결제수수료	240,000	1.0%
	변동비 합계(B)	12,216,000	50.9%
생존이익(C = A - B)		11,784,000	49.1%

생존이익이 중요한 이유

우리가 손익계산서를 만드는 이유는 바로 생존이익과 생존이익률을 확인하기 위해서입니다. 이 두 가지가 사장님의 가게를 지키고 성장시키는 핵심 지표이기 때문입니다. 따라서 사장님의 숫자 목표는 생존이익과 생존이익률을 최대한 높이는 것이어야 합니다.

생존이익은 다음과 같이 사업 운영의 다양한 의사결정에 활용됩니다.

- 가격 결정: 상품이나 서비스를 얼마에 팔아야 이익을 낼 수 있는지 계산할 때
- 손익분기점 매출액 계산: 손익분기점(BEP)을 넘어서기 위해 필요한 매출을 파악할 때
- 목표이익 설정: 내가 원하는 이익 수준에 도달하기 위해 필요한 매출과 비용 구조를 계획할 때

이처럼 생존이익은 가게의 생존과 성장을 책임지는 의사결정을 내릴 때 반드시 필요한 숫자입니다.

05

손익계산서 마스터하기

매출 따위 상관없어!
냉혈한 고정비

	인건비	3,000,000	12.5%
	건강보험	404,880	1.7%
	국민연금	486,000	2.0%
	고용보험	61,500	0.3%
	산재보험	27,780	0.1%
	복리후생비	300,000	1.3%
	매장월세	2,400,000	10.0%
	관리비	800,000	3.3%
	소득세	74,350	0.3%
	지방소득세	7,430	0.0%
고정비(D)	세금과 공과	100,000	0.4%
	소모품비	150,000	0.6%
	수리비	97,000	0.4%
	교통비	100,000	0.4%
	운반비	50,000	0.2%
	통신비(인터넷, 전화)	70,000	0.3%
	지급수수료	33,000	0.1%
	포스&키오스크 사용료	20,000	0.1%
	광고료	550,000	2.3%
	감가상각비	800,000	3.3%
	기장료	110,000	0.5%
	고정비 합계(D)	9,641,940	40.2%
영업이익(E = C - D)		2,142,060	8.9%

생존이익 - 고정비 = 영업이익

생존이익은 매출에서 변동비를 제외하고 남는 금액임을 앞서 살펴봤죠. 영업이익은 위의 식처럼 생존이익에서 고정비를 차감해 최종적으로 계산되는 금액입니다. 따라서 고정비를 효율적으로 관리하는 것도 생존이익을 활용한 성공적인 가게 운영의 중요 요소가 됩니다.

변동비와 달리 고정비는 매출과 관계없이 나가는 비용입니다. 고객이 있든 없든, 상품이 팔리든 안 팔리든 상관없어요. 매출이 많아도 적어도 고정비는 매달 정해진 대로 지출됩니다. 그래서 고정비를 두고 바늘로 콕 찔러도 피 한 방울 안 나오는 '냉혈한'이라고 부르는 거죠. 코로나19 팬데믹 때 많은 사장님들이 고정비 앞에서 무너진 것도 이러한 특징 때문입니다.

제발 고정하소서, 고정비

고정비는 변동비를 제외한 고정적으로 나가는 모든 비용입니다. 다음의 것들이 고정비의 예죠.

- 직원 급여(아르바이트 인건비도 포함)
- 매장 임차료(단, 매출액과 비례하지 않는 경우)
- 광고비(광고가 매출 증가와 직결되지 않기 때문)
- 대출 이자비용

- 운영에 필요한 각종 소모품비

어떤 사장님은 "아르바이트 인건비는 변동비 아닌가요?"라고 묻습니다. 매출이 많을 때 직원을 추가로 고용하고, 매출이 줄면 줄일 수 있으니까요.

그런데 이렇게 생각해보세요. 매출이 오를 거라 생각하고 아르바이트 직원을 고용했습니다. 생각과 달리 고객이 한 분도 안 오시네요. "매출이 없으니 자네 급여도 없네"라고 할 수 있을까요? 못 벌어도 인건비는 줘야 합니다. 그렇기 때문에 아르바이트생 고용비도 고정비입니다. 매출이 안 나와도 '매출 따위 상관없어!' 하며 나가는 돈인 거죠. 변동비가 아니면 모두 고정비입니다.

중요한 건 고정비가 늘어나지 않도록 '제발 고정해야' 한다는 것입니다. 고정비는 한 번 늘어나면 줄이기가 정말 어렵기 때문입니다. 사람을 뽑았는데 쉽게 줄일 수 있나요? 그랬다가는 바로 고용노동부에서 전화 옵니다.

고정비인 듯 고정비 같지만 변동비인 것들

고정비는 계약 조건에 따라 변동비가 될 수도 있습니다. 임차료를 예로 들면 매달 일정 금액을 내는 형태가 아닌, 매출액의 20%를 임차료로 지불하겠다는 계약을 할 수 있죠. 이럴 경우의 임차료는 고정비가 아닌 변동비에 해당합니다.

프랜차이즈 가맹점의 로열티도 마찬가지입니다. 로열티를 고정 금액으로 내는 계약이 있는가 하면, 매출액의 10% 등과 같이 일정 비율로 내는 계약도 있죠. 따라서 고정비인가 변동비인가는 단순히 '임차료', '로열티' 등의 항목명으로 판단할 게 아니라 계약 조건까지 상세히 파악해서 가늠해야 합니다.

고정비, 발본색원해서 줄여야 한다

고정비가 늘면 내 머리를 노리는 스나이퍼가 방아쇠를 당길 준비를 한다고 생각해야 합니다. 매출이 줄어도 고정비는 계속 발생하기 때문에, 매출 대비 고정비가 늘어나면 사장님 손에 남는 돈이 줄거나 아예 남지도 않아 생존이 어려워질 수 있습니다.

그렇기 때문에 고정비 중에서 매출에 기여하지 않는 부분이 무엇인지를 발본색원해 과감히 줄여야 합니다. 고정비를 제대로 관리하는 것만으로도 이익을 눈에 띄게 늘릴 수 있습니다.

인건비: 사람은 무조건 줄이지 말고 효율을 높이자!

- 인건비 낮추겠다며 무턱대고 직원 수를 줄이면 가게가 휘청입니다. 대신 매뉴얼을 만들어 직원들이 빠르게 적응하고 효율적으로 일할 수 있도록 하세요.
- 초보자를 베테랑으로 키우는 건 매뉴얼의 힘입니다. 직원 교육기간이 짧아지면 인건비가 절약되죠.
- 정부 지원금 활용도 필수! 일자리안정자금이나 사회보험료 지원 같은 정책들을 놓치지 마세요. 한 번 지원받으면 꽤 쏠쏠

합니다.

- 직원은 근무 만족도가 올라가면 오래 열심히 일합니다. 월급 외의 소소한 선물이나 칭찬 한마디가 장기적으로 인건비를 줄이는 비결입니다.

광고비: 돈 안 들이고 홍보하기

- 광고비 줄이겠다고 홍보를 멈추는 건 손님을 잃는 지름길입니다. 대신 SNS를 적극 활용하세요. 사진 한 장, 동영상 한 편이 고객을 끌어옵니다.
- 블로그, 인스타그램, 유튜브 등 무료 플랫폼에서 가게를 직접 홍보해보세요. 사장님만의 스토리를 담으면 더 매력적입니다. 아직 오픈하기 전이라면 오픈하는 과정을 올려보는 것도 좋은 방법입니다.
- 리뷰 이벤트로 고객이 직접 홍보하게 만들면, 광고비 없이 손님이 손님을 불러들이게 할 수 있습니다. "리뷰 쓰면 커피 한 잔 무료!" 같은 작은 혜택으로 큰 효과를 볼 수 있죠. 가게 근처에 있는 주민들에게 쿠폰을 주는 당근마켓 비즈필도 활용해보세요.

인테리어: 멋보다 실용!

- 가게 이미지에서 중요한 것은 멋진 디자인이 아니라 깨끗함과 정돈된 분위기입니다.

- 처음부터 고가의 인테리어에 투자하지 마세요. 꼭 필요한 곳에만 돈을 쓰고, 나머지는 DIY로 해결해보세요.
- 테이블, 의자 같은 가구는 중고 거래를 통해서도 충분히 품질 좋은 물건을 구할 수 있습니다. 중고마켓을 잘 활용하면 절약의 묘미를 느낄 겁니다.
- 화려한 장식품보다 손님 동선에 맞춘 효율적 배치에 세심히 신경 쓰세요. 동선이 편한 가게라면 장식이 부족해도 손님들은 충분히 만족합니다.

임차료: 협상은 필수, 이사도 옵션

- 임대차 계약 갱신 시 건물주와 임차료를 적극적으로 협상하세요. 주변 시세를 조사해 합리적인 수준을 건물주에게 제안하면 협상이 의외로 어렵지 않을 수 있습니다.
- 가게의 영업이 잘되고 있다면 건물주에게 장기계약 조건을 제시하며 임차료 인하를 요청해보세요. 건물주는 안정적인 세입자를 원하니까요.
- 가게 입지가 수익에 큰 영향을 주지 않거나 건물주가 자기 배만 불리는 '갱스터'라면, 월세가 저렴한 곳으로 가게를 이전하는 방법도 고려해보세요. 엄청나게 저렴한 월세로 이익을 올리는 가게들이 의외로 많습니다.

기타 비용: 꼼꼼히 쪼개기

- 전기나 수도 사용료는 당연히 줄일 수 있습니다. 조명을 LED 로 바꾸고, 필요 없는 시간대에는 전원을 꺼두는 것부터 시작 하세요. '고작 이 정도로 얼마나 줄어들겠어?' 싶겠지만 모이 면 큰돈이 됩니다.
- 소모품비는 대량구매로 단가를 낮춰 줄이세요. 특히 장갑, 세 제 같은 자주 쓰는 물품은 업체별 단가 비교가 필수입니다.
- 가게 운영에 필요한 프로그램(캐시노트, 포스 등)이 있다면 할인 프로모션을 자주 확인하세요. 필요 이상의 기능을 쓰고 있거 나 구독요금이 많다고 판단되면 과감히 다운그레이드하세요.

내 가게의 변동비와 고정비 분류하기

앞에서 우리는 고정비와 변동비를 알아봤습니다. 이제부터 중요한 것은 사장님이 자기 사업에서 발생하는 고정비와 변동비를 정확히 구별하는 것입니다. 아래 예시를 참고해 내 가게의 변동비와 고정비를 분류해보세요.

변동비 = 매출 따라 나가는 비용

재료비
수수료(배달, 결제)
택배비

고정비 = 매출과 상관없이 나가는 비용

임차료
관리비
직원 급여
통신비
포스 사용료

변동비 = 매출 따라 나가는 비용
고정비 = 매출과 상관없이 나가는 비용

'이건 변동비고, 저건 고정비지' 하며 분류하는 작업을 제일 잘 수행할 수 있는 사람은 사장님 자신입니다. 자기 사업의 구조를 누구보다 잘 알고 있으니 비용 구분도 완벽히 해낼 수 있거든요. 자식에 대해 제일 잘 아는 사람은 부모잖아요. 가끔 오은영 선생님이 필요할 때가 있긴 하지만 말이죠.

다시 한번 핵심을 짚어드리자면 변동비는 '매출의 많고 적음에 따라 함께 변동적으로 나가는 비용', 고정비는 '매출이 얼마가 됐든 상관없이 냉혈한처럼 고정적으로 나가는 비용'입니다. 그럼 두 비용의 이런 특성을 염두에 두며 사장님 사업의 변동비와 고정비 항목을 분류해보세요.

06

손익계산서 마스터하기
사장님 손에 남은 몫, 영업이익

손익계산서에서 영업이익까지

다음 페이지에 있는 손익계산서 그림을 볼까요? 왼쪽 항목들을 위에서 아래로 차례차례 살펴보니 '매출액', '변동비', '생존이익', '고정비', '영업이익' 순서네요. 이것이 손익계산서의 구조이고, 이 순서를 염두에 두면 다음과 같은 공식들도 자연히 이해하게 됩니다.

매출액 – 변동비 = 생존이익
생존이익 – 고정비 = 영업이익

영업이익은 손익계산서의 마지막 항목이자 사장님의 진정한 자기 몫입니다. 소득세를 계산할 때 기준이 되는 이익도 바로 이 영업이익이죠.

손익계산서

내역	세부	금액	비율(%)
매출액(A)	공급가액	21,818,182	90.9%
	부가세액	2,181,818	9.1%
	매출액(A)	24,000,000	100.0%
변동비(B)	재료비	8,976,000	37.4%
	판매수수료	3,000,000	12.5%
	결제수수료	240,000	1.0%
	변동비 합계(B)	12,216,000	50.9%
생존이익(C = A - B)		11,784,000	49.1%
고정비(D)	인건비	3,000,000	12.5%
	건강보험	404,880	1.7%
	국민연금	486,000	2.0%
	고용보험	61,500	0.3%
	산재보험	27,780	0.1%
	복리후생비	300,000	1.3%
	매장월세	2,400,000	10.0%
	관리비	800,000	3.3%
	소득세	74,350	0.3%
	지방소득세	7,430	0.0%
	세금과 공과	100,000	0.4%
	소모품비	150,000	0.6%
	수리비	97,000	0.4%
	교통비	100,000	0.4%
	운반비	50,000	0.2%
	통신비(인터넷, 전화)	70,000	0.3%
	지급수수료	33,000	0.1%
	포스&키오스크 사용료	20,000	0.1%
	광고료	550,000	2.3%
	감가상각비	800,000	3.3%
	기장료	110,000	0.5%
	고정비 합계(D)	9,641,940	40.2%
영업이익(E = C - D)		2,142,060	8.9%

동시에 영업이익은 사장님의 자본을 증가시켜주는 핵심 요소이기도 합니다. 결국 사업이 얼마나 성공하느냐는 영업이익, 즉 이익을 얼마나 내느냐에 달려 있습니다.

이익을 늘리는 두 가지 방법

그럼 어떻게 해야 이익을 늘려 사업을 성공궤도에 올려놓을 수 있을까요? 직관적으로 생각해보면 두 가지 방법이 있습니다. 하나는 들어오는 돈, 즉 수익을 늘리는 것이고, 다른 하나는 나가는 돈, 즉 비용을 줄이는 것이겠죠. 이 두 방법을 조금 더 구체적으로 써보자면 다음과 같습니다.

- 수익을 늘리기: 더 많이 팔고 매출을 올리기
- 비용을 줄이기: 매출에 기여하지 않는 비용은 줄이고, 수익에 직접적 영향을 주는 비용에만 집중해 관리하기

이번 장에서 우리가 살펴본 내용은 두 번째 방법과 연관이 있습니다. 변동비와 고정비를 확실히 구분한 다음 변동비는 매출에 영향을 주지 않도록 줄이고, 매출에 아무런 기여도 하지 않는 고정비를 과감히 정리해 비용을 아끼는 거죠. 그러니 사장님 손에 더 많은 이익이 들어오게 하려면 변동비와 고정비를 꾸준히 점검하며 관리해야 합니다. 귀찮다 여기지 말고, 가게에 숨겨져 있는 내 돈을 찾는다는 심정으로 계속 관리해나가세요.

4장

가게를 살리는 생존이익률의 마법

"건강한 사람에게는 희망이 있고,
희망이 있는 사람에게는
모든 것이 있다."

– 토마스 칼라일 Thomas Carlyle

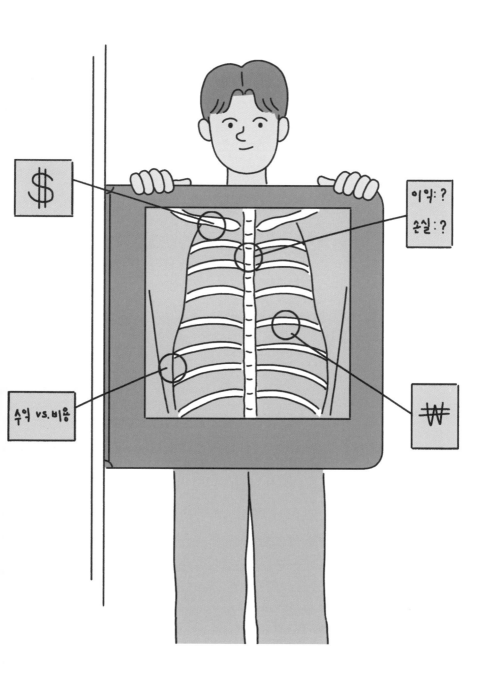

4 회계는 건강검진이다

사장님, 건강검진 받아보신 적 있으시죠? 건강검진, 생각만 해도 정말 싫지만 1년에 한 번씩 건강 상태를 체크하는 중요한 일입니다. 사실 가게도 마찬가지예요. 회계가 가게의 건강검진 역할을 하거든요.

우리가 건강검진을 받는 이유는 간단합니다. 몸 안에 문제가 없는지 확인하고, 혹시라도 작은 문제가 발견되면 빨리 조치를 취하기 위해서죠. 아무 증상이 없더라도 정기적으로 검진을 받는 게 중요하잖아요? 회계도 딱 이와 같습니다. 눈에 보이지 않는 가게의 상태를 숫자로 확인하는 거예요.

물론 "내 가게는 잘 돌아가고 있어!"라고 말할 수도 있겠죠. 그런데 매출이 높아도 비용이 더 많다면 어떡할까요? 진짜 이익이 얼마인지 모르고 '괜찮다'고만 생각하다 보면 나중에 큰 문제가 될 수 있습니다. 건강검진을 안 받고 버티다 병이 커지는 것처럼요.

사장님들에게 현금흐름표 코칭을 해드린 적이 있어요. 매달 300만 원이 남는다던 어느 사장님은 손익계산서를 작성해보니 그전까지 대출상환금과 이자비용을 빼고 계산해왔다는 걸 알게 되었지요. 오히려 매달 마이너스였던 거죠.

숫자를 확인하면 매출을 늘리거나 비용절감을 할 수 있습니다. 검진을 통해 문제를 발견하고, 처방을 내려야 합니다. '광고비가 너무 많다', '재료비를 줄여야 한다' 같은 숫자의 신호를 보고 대응하는 겁니다.

회계라는 건강검진은 가게의 모든 수치를 투명하게 보여줍니다. 매출, 비용, 이익, 손익분기점까지 말이죠. 이 숫자들을 보면서 가게가 건강한 상태인지, 아니면 다이어트가 필요한지 알 수 있어요. 앞에서도 이야기했듯 숫자는 거짓말을 하지 않거든요.

사장님, 내 몸을 위해 건강검진을 받듯 가게의 건강을 위해 회계를 확인해보세요. 문제가 커지기 전에 잡아내면, 가게는 더 오래오래 건강히 운영될 겁니다. 가게의 건강검진, 오늘부터 시작해보면 어떨까요?

01

가게의 생존이 달려 있다! 생존이익률 이해하기

생존이익은 손익계산서의 중심입니다. 아이돌 그룹의 센터 포지션처럼 말이죠. 손익계산서를 작성하는 것은 생존이익을 구하기 위해서입니다. 그런데 많은 사장님들은 생존이익의 존재조차 모르고 계십니다. 변동비와 고정비의 구분도 처음 접하는 분들이 많죠.

생존이익과 생존이익률, 어떻게 다를까?

생존이익이란?

매출액 - 변동비 = 생존이익

생존이익은 가게의 생존력을 보여주는 지표입니다. 이 이익이 클수록 가게가 생존할 가능성이 커집니다. 손익계산서를 보면 생존이익 아래에 '스나이퍼'인 고정비가 있죠? 생존이익은 잔혹한 고정비를 감당하고 남는 돈, 즉 영업이익을 결정합니다. 생존이익이 고정비를 초과하면 영업이익이 발생하고, 그렇지 않으면 손실로 이어집니다. 결론적으로 생존이익이 낮으면 지속 가능성도 낮아지죠.

내 가게의 생존이익을 모르고 가게를 운영하는 건 무조건 망하겠다고 작정하는 것과 다를 바 없습니다. 아무리 많이 번들 뭐 합니까? 생존이익이 고정비보다 적으면 내 손에 남는 게 아무것도 없는데 말이죠.

생존이익률이란?

손익계산서를 볼 때는 매 항목의 가장 오른쪽에 있는 '비율'을 봐야 합니다. 생존이익을 비율로 보면 생존이익률, 즉 매출액 대비 생존이익의 비율입니다. 매출이 100일 때 생존이익이 차지하는 비율을 말하죠. 식으로 나타내면 다음과 같습니다.

$$생존이익률 = (생존이익 \div 매출액) \times 100$$

옆 페이지의 손익계산서에서 생존이익률은 49.1%입니다. 이 49.1%는 어떻게 나온 수치일까요? 바로 판매하는 메뉴 또는 제품이나 상품에서 나온 수치입니다. 이 생존이익률이 가게 전체의 생존이익률을 결정하죠. 메뉴 한 개를 팔았을 때 생존이익률이 낮으

내역	세부	금액	비율(%)
매출액(A)	공급가액	21,818,182	90.9%
	부가세액	2,181,818	9.1%
	매출액(A)	**24,000,000**	**100.0%**
변동비(B)	재료비	8,976,000	37.4%
	판매수수료	3,000,000	12.5%
	결제수수료	240,000	1.0%
	변동비 합계(B)	**12,216,000**	**50.9%**
생존이익(C = A - B)		**11,784,000**	**49.1%**

면 가게 전체의 생존이익률도 낮아집니다. 반대로 높다면 가게 전체의 생존이익률 역시 높아지겠죠?

연습 삼아, 우리가 카페를 열었다고 가정하고 여기에서 판매하는 아메리카노의 생존이익률을 계산해보겠습니다. 이 아메리카노는 한 잔당 3500원입니다. 이 한 잔을 만들고 파는 데 들어가는 재료비와 결제수수료, 로스 비용 등을 포함한 변동비는 총 663.2원이고요. 그럼 한 잔당 매출액 3500원에서 변동비 663.2원을 뺀 2836.8원이 생존이익에 해당합니다. 이제 생존이익률을 구하는 공식에 따라 계산해볼까요?

생존이익률 = (생존이익 ÷ 매출액) × 100
→ 아메리카노의 생존이익률 = (2836.8 ÷ 3500) × 100 = 81.05%

이 카페에서 판매하는 것이 오로지 아메리카노뿐이라면 카페 전체의 생존이익률도 아메리카노의 생존이익률과 동일하게

아메리카노 생존이익률		
구분	금액(원)	구성비
판매가	3,500	100.0%
원두	400	11.4%
16온스컵	100.2	2.9%
뚜껑	53	1.5%
빨대	12	0.3%
홀더	70	2.0%
결제수수료	28	0.8%
변동비 합계	663.2	18.9%
생존이익	2,836.8	81.1%
생존이익률	81.05%	

81.05%일 겁니다. 하지만 카페들은 대개 다양한 상품을 취급하죠. 따라서 각 상품별로 위와 같이 생존이익률을 구하고, 그 값들을 카페 전체의 생존이익률과 비교해봐야 합니다. 이렇게 하면 어떤 상품의 판매에 집중하고 어떤 상품은 더 이상 팔지 않고 정리해야 할지 결정할 수 있습니다.

그런데 메뉴별 혹은 상품별 생존이익률은 한 번 계산해두었다 해서 끝이 아닙니다. 물가 변동에 따라 재료비나 상품매입비 등이 오르락내리락하기 때문입니다. 이 점을 꼭 기억해두셔야 합니다.

02

메뉴별 생존이익률로
생존 전략 세우기

가게에서 판매 중인 모든 상품의 생존이익률을 구해 가게 전체의 생존이익률과 비교하면 집중해야 할 상품과 정리해야 할 상품을 결정할 수 있다고 앞에서 말씀드렸습니다. 그런데 어떤 기준으로 그런 상품들을 구분할 수 있을까요?

메뉴 엔지니어링

이때의 구분에 도움을 줄 수 있는 것이 카사바나Kasavana와 스미스Smith가 만든 '메뉴 엔지니어링Menu Engineering'입니다. 외식업계에서 많이 활용되는 분석법인데, 외식업뿐 아니라 여타 사업 분야에도 적용해볼 수 있어 유용하죠.

'메뉴 엔지니어링'은 각 제품의 생존이익률과 판매량에 따라 해당 제품의 유형을 다음의 네 가지 중 하나로 구분하게 해줍니다.

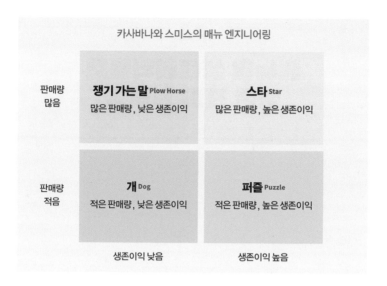

카사바나와 스미스의 매뉴 엔지니어링

	생존이익 낮음	생존이익 높음
판매량 많음	**쟁기 가는 말** Plow Horse 많은 판매량, 낮은 생존이익	**스타** Star 많은 판매량, 높은 생존이익
판매량 적음	**개** Dog 적은 판매량, 낮은 생존이익	**퍼즐** Puzzle 적은 판매량, 높은 생존이익

위의 그림을 보시면 좀 더 이해하기 쉬우실 거예요.

- 스타: 판매량도 많고 생존이익도 높은 상품
- 쟁기 가는 말: 판매량은 많은데 생존이익은 낮은 상품
- 퍼즐: 판매량은 적은데 생존이익은 높은 상품
- 개: 판매량도 적고 생존이익도 낮은 상품

네 가지 유형에 따라 개선 전략 세우기

메뉴 엔지니어링에서 제시하는 네 가지 유형에 따라 상품들을 구분하고 나면, 각 유형별로 문제점을 파악하고 개선 전략을 세울 수 있습니다. 도시락 가게의 경우를 예로 들어 이 내용을 좀 더 자

세히 살펴볼게요.

스타: 판매량도 많고 생존이익도 높은 상품(스테이크 도시락)

- **문제점**

  인기 메뉴라 판매량이 많지만, 잠재력을 좀 더 끌어내야 합니다.
- **해결 방안**
- 베스트셀러 표시와 POPpoint of purchase, 구매 시점 광고 배치: 고객들의 시선을 가장 잘 끌 수 있는 매장 내 자리에 해당 메뉴의 사진과 추천 문구를 배치합니다.

  예) '우리 가게 1등 인기 메뉴!'라는 문구와 함께 카운터 옆에 포스터 설치
- 가격 인상: 고객들이 높은 가치를 느끼는 상품인 만큼, 가격을 지금보다 조금 더 높게 조정해도 괜찮습니다.

  예) '스테이크 도시락'의 기존 가격 7500원을 8000원으로 인상
- 고객 충성도를 활용한 마케팅: 스타 상품을 활용한 스탬프 카드를 만들어 구매를 유도합니다.

  예) '스테이크 도시락' 5회 구매 시 무료 음료 증정, 10회 구매 시 1회 무료 증정
- SNS와 리뷰를 활용한 마케팅: SNS에 스타 상품을 중심으로 하는 고객 리뷰들을 공유하고, 이를 활용한 이벤트를 진행합니다.

예) '스테이크 도시락' 인증샷 이벤트! 당첨자에게는 도시락 세 개 무료 쿠폰을 드려요!

쟁기 가는 말: 판매량은 많은데 생존이익은 낮은 상품(기본 도시락)

- **문제점**

  판매량은 많지만 이익률이 낮아 전체 수익을 갉아먹습니다.

- **해결 방안**

- 소폭의 가격 인상: 500~1000원 정도의 가격 인상은 고객 이탈을 최소화하면서도 수익을 개선시켜줄 수 있습니다.

  예) '기본 도시락'의 기존 가격 6000원을 6500원으로 인상

- 변동비 절감: 재료비가 높은 요소를 분석해 대체 재료를 찾거나 비슷한 품질의 저렴한 공급처를 찾아봅니다.

  예) 고급 육류를 조금 저렴한 부위로 변경하거나, 반찬 재료를 제철 재료로 교체

- 소포장 상품 개발: 배고프지 않은 고객을 위한 미니 도시락을 개발해보세요. 밥 양과 반찬 수를 줄인 상품을 통해 새로운 수요를 창출할 수 있습니다.

  예) 미니 샐러드 도시락 4000원, 작은밥 도시락 5000원

퍼즐: 판매량은 적은데 생존이익은 높은 상품(갈바스 도시락)

- **문제점**

잠재력은 있지만 인기가 없어 재고 관리가 어렵습니다.

- 해결 방안
- 스타 상품 옆에 배치: 잘 팔리는 상품과 묶어 콤보 메뉴로 함께 제안, 추천합니다.

  예) '스테이크 도시락' + '감바스 도시락' 세트 20% 할인
- 보다 적극적인 추천: 고객이 주문 혹은 계산 시 직원이 해당 상품을 적극 추천하도록 교육합니다.

  예) "고객님, 오늘 '감바스 도시락' 구입하시면 디저트 할인 쿠폰 드려요!"
- 상품 리뉴얼: 내용물 구성을 조금 변경하거나 비주얼을 개선해 신선한 이미지를 제공합니다.

  예) '감바스 도시락' 내의 새우 양을 늘리고 특제 소스를 함께 넣어 '프리미엄 감바스 도시락'으로 재출시
- 타깃층 프로모션: 해당 상품의 타깃 고객층을 분석해 특별 프로모션을 진행합니다.

  예) 다이어트 식단을 찾는 고객층에게 저탄수화물 도시락으로 '감바스 도시락'을 포지셔닝

개: 판매량도 적고 생존이익도 낮은 상품(○○ 도시락)

- **문제점**

  판매량도 낮고 이익도 남기지 못해 가게 전체의 이익에 기여하지 못합니다.
- **해결 방안**

- 재고를 소진하고 전체 메뉴에서 제외: 고객들이 주문하지 않는 메뉴는 원가만 높일 뿐이니 과감히 정리합니다. 다만 기존 고객들이 불만을 갖지 않도록 정리 사실을 공지해야 합니다.

  예) "'○○ 도시락'은 더 나은 메뉴 개발을 위해 잠시 안녕을 고합니다."
- 새로운 스타 상품 후보 준비: 고객 설문조사나 시장 트렌드를 참고해 새로운 메뉴를 개발합니다.

  예) 요즘 인기가 높아지고 있는 비건 도시락, 고단백 헬스 도시락, 키토 도시락 등
- 재고 소진을 위한 할인 이벤트: 해당 상품을 전체 메뉴에서 빼기 전에 재고를 모두 소진할 수 있도록 할인 이벤트를 진행합니다.

  예) '○○ 도시락' 마지막 찬스! 한정수량 20% 할인!

생존이익률은 가게 생존력을 극대화시킨다

모든 취급 상품의 생존이익률을 각각 계산하고, 메뉴 엔지니어링에 따라 각 상품의 유형을 구분하는 일의 중요성이 얼마나 큰지 이제 좀 체감되시나요? 생존이익률은 단순한 숫자가 아니라 가격 전략과 상품 조합, 우선순위를 결정하는 데 매우 큰 기준이 됩니다. 어떤 상품의 가격을 인상해도 될지, 인상한다면 어느 정도가 좋을지, 또 어떤 상품들을 서로 조합해 세트로 구성하면 이익에 도움이 될지, 내가 갖고 있는 자원을 어디에 집중시킬지 등 가게 운

영에 너무나 큰 영향을 미치는 결정들을 내리는 바탕이 되죠.

생존이익률을 제대로 분석하면 가게의 생존력을 극대화할 수 있습니다. 사장님도 지금 바로 생존이익률을 계산하고, 이를 기반으로 생존 전략을 세워보세요. 중심을 잡아줄 강력한 무기가 될 것입니다!

03

특명!
생존이익률을 높여라

가게의 생존이 달려 있는 생존이익률

생존이익률을 높이는 건 가게의 체력을 키우는 것과 같아요. 손익계산서에 나타나는 생존이익률은 결국 제품 하나하나의 생존이익률이 모여 만들어진 결과입니다. 그렇다면 개별 제품의 생존이익률을 분석하며 가게 전체의 생존이익률을 높이는 방법을 알아볼까요? 예로 아이스크림 가게를 들어보겠습니다.

상품당 생존이익률을 높이는 두 가지 방법

여기 아이스크림 가게가 있습니다. 이 가게에서 판매하는 아이스크림은 한 개에 3900원이고, 재료비는 767원입니다. 여타 변동비를 더한 총 변동비를 빼보니 생존이익은 2828.8원, 생존이익률은 72.53%로 나왔다고 가정해보겠습니다.

그럼 이 가게의 생존이익률을 어떻게 높일 수 있을지 생각해볼까요? 생존이익률을 높이는 데는 두 가지 방법이 있습니다. 하나는 변동비를 줄이는 것, 다른 하나는 판매가격을 올리는 것이죠. 이 방법들을 하나씩 차례로 적용해보겠습니다.

변동비를 줄여 생존이익률 높이기

만약 이 가게에서 파는 아이스크림의 개당 재료비를 낮춰 변동비를 줄일 경우, 생존이익률은 어떻게 달라질까요? 아이스크림 제조에서 가장 중요한 재료는 파우더인데, 파우더 구입 비용을 낮출 경우를 생각해보겠습니다.

이 아이스크림 가게 사장님은 기존에 사용했던 것과 동일한 파우더를 좀 더 낮은 가격으로 공급하는 업체를 찾아냈습니다. 기존 파우더는 1킬로그램당 1만 2100원이었는데, 이 새로운 공급업체를 이용하면 1킬로그램당 7500원에 구입할 수 있다네요.

구분	기존 (파우더 12,100원)	변경 (파우더 7,500원)	증감액
판매가	3,900	3,900	0
파우더	423.5	262.5	-161
생존이익	2,828.8	2,989.8	-161
생존이익률	72.53%	76.66%	4.13%p

이를 적용하니 기존에는 아이스크림 한 개에 423.5원이었던 파우더 비용이 262.5원으로 낮아졌고, 그에 따라 생존이익은 2828.8원에서 2989.8원으로 상승했습니다. 결과적으로 생존이익률도 72.53%에서 76.66%로 4.13%p가 증가했죠!

판매가격을 올려 생존이익률 높이기

그럼 이 상태에서 아이스크림의 판매가격을 높여 생존이익률을 더 향상시켜보겠습니다. 기존 3900원이었던 아이스크림 가격에 1000원을 붙여 4900원으로 조정해볼까요? 이렇게 하면 이 아이스크림의 생존이익률은 81.42%로 4.76p%가 상승합니다.

물론 가격을 올리는 건 부담스러울 수 있습니다. '이렇게 가격을 올려서 고객들이 떨어져나가면 어쩌지?' 하는 걱정이 들기 마련이니까요.

하지만 우리가 집중해야 하는 것은 가격에 민감한 고객들이 아니라 우리 가게의 상품에 충성도가 있는 고객들을 늘리는 겁니다. 충성고객층에게 제공할 수 있는 가치를 더 높인다면 가격인상의 명분도 마련되고요.

내 상품들의 생존이익률을 높여보자

이제 생존이익률 계산표를 활용해 사장님의 메뉴·제품·상품의 생존이익률을 구한 뒤, 각 생존이익률을 높이려면 어떻게 해야 할지 생각해보세요. 만약 현재 취급 중인 메뉴·제품·상품이 너무 많다면 매출 비중이 큰 베스트셀러를 중심으로 해보세요.

가장 좋은 것은, 앞의 예에서 봤듯 두 가지 방법을 부담 없는 선에서 동시에 활용하는 겁니다. 재료비를 낮추는 방법을 찾고 가격도 적절한 정도로 인상하는 겁니다. 이렇게 하면 생존이익률을 더욱 높일 수 있으니까요.

04

가격 결정이 곧 경영!
생존이익률로 가격 결정하기

낡은 방식의 함정: 마크업 가격결정

많은 사장님들은 판매가격을 정할 때 대개 총원가를 계산하고, 여기에 목표이익을 더합니다. 이를 '마크업 가격결정'이라고 하죠.

예를 들어 아메리카노를 기준으로 계산해볼까요? 한 달 동안 아메리카노를 4400잔 팔았다고 가정해보죠. 원두값 200만 원, 포장용기 50만 원, 바리스타 인건비 250만 원, 전기료와 수도료 15만 원, 임차료 200만 원이 들었습니다. 총원가는 715만 원이니 이걸 4400잔으로 나누면 한 잔당 원가를 구할 수 있어요. 그렇게 계산하면 한 잔당 원가는 1625원이죠.

흔히들 아메리카노의 원가라 하면 주재료인 원두의 값만 생각합니다. 그래서 "그놈의 원두는 한 잔에 몇 백 원어치도 채 안 들어가는데 커피값은 왜 이리 비싼 거야!" 하며 불평하곤 하죠.

그런데 이렇게 직접 계산해보니 한 잔당 1625원이 드는군요. 만약 원두값만 재료비라 여기고 아메리카노 가격을 1000원으로 책정해 판매한다면 한 잔당 625원의 손실이 발생했을 겁니다. 팔면 팔수록 손해만 늘어나는 셈이었겠죠.

그럼 이제는 재료비에 목표 이익까지 더해 가격을 정해보겠습니다. 아메리카노 한 잔을 팔 때마다 2000원씩의 목표이익을 남기겠다고 생각하고 이를 재료비에 더하면 3625원이 됩니다. 여기에 백 원 단위를 맞춰 3700원으로 정했다고 치죠. 그런데 옆 카페에서는 아메리카노를 2700원, 옆옆 카페에서는 2500원에 팔고 있네요. 완전 치킨게임입니다. 이런 상황이라면 고객들은 어느 카페를 선택할까요? 이것이 '마크업 가격결정' 방식의 문제입니다.

그뿐만이 아닙니다. 판매량이 줄어들면 한 잔당 원가가 늘어난다는 문제도 있죠. 고정비(임차료, 인건비 등)는 변하지 않으므로 한 잔당 원가는 1625원이 아니라 그보다 더 높아집니다. 즉, 어제와 오늘의 원가가 달라지기 때문에 정확히 얼마나 남는지 계산하기가 어렵다는 뜻이죠.

'마크업 가격결정'은 낡은 방식입니다. 판매가 관점에서 가격을 결정하는 방식이거든요. 죄송한 말씀을 드리자면, 이렇게 판매자 관점에서 내리는 결정은 대부분 실패로 돌아갑니다. 이것이 판매자가 아닌 고객의 관점에서 가격을 결정해야 하는 이유죠.

고객 관점으로 가격 결정하기

가격은 내가 받고 싶은 만큼이 아니라 고객이 기꺼이 지불할 만큼의 금액으로 정해야 합니다. 이때 기준으로 삼아야 할 것이 '시장에서의 평균 가격'과 '우리 가게의 생존이익률'입니다.

시장가격 조사

우선 내가 팔고자 하는 상품이 주변 상권에서는 얼마에 판매되고 있는지를 알아봐야 합니다. 내 가게 근처의 오프라인 상권은 물론 스마트스토어, 각종 플랫폼이나 앱 등에서의 시장가격을 살펴봐야 하는 것이죠. 아메리카노를 역시 예를 들자면, 배달의민족 등의 앱을 이용해 동일 상권에 있는 카페들에선 얼마에 팔리고 있는지 정보를 수집해보는 겁니다. 이렇게 알아본 아메리카노의 시장가격이 2500원이라면 나도 그 가격에서 출발해야 합니다.

생존이익률 확인

우선 가격을 결정할 메뉴·제품·상품의 변동비 내역을 적어봅니다. 아메리카노의 경우라면 레시피에 따른 재료비들과 변동비 내역을 적는 것이죠.

자신이 설정한 판매가격이 가게의 생존이익률을 충족하는지 계산해보세요. 만약 2500원이 시장가격이라면 이 가격에서 생존이익률을 확보할 수 있는 방법, 즉 상품의 가치를 높이는 방법을 찾아야 합니다.

아메리카노 생존이익률		
구분	금액(원)	고민
판매가	2,500	가격 인상
재료비	635	재료비 절감
결제수수료	28	수수료 낮은 결제 유도
변동비 합계	663	
생존이익	1,837.0	
생존이익률(A)	73.48%	
목표생존이익률(B)	80.00%	
차이(B-A)	6.52%	6.52%만큼 판매가, 변동비 조정

손익계산서 전체의 생존이익률과 메뉴·제품·상품별 생존이익률을 비교해서, 전체보다는 높은 생존이익률이 나올 수 있는 판매가격으로 책정해야 합니다. 이를 위해서는 우선 목표생존이익률을 결정하고, 그것을 전제로 하는 상태에서 시장가격을 기준으로 삼아 판매가격을 고민하세요. 가령 목표생존이익률이 80%라면 판매가격은 3300원이 되어야 이를 달성할 수 있습니다.

가치를 더하기

단순히 시장가격에 머물지 말고 고객에게 가치를 제공하세요. 가치를 높여야 가격을 높일 수 있습니다. 다음과 같은 것들이 가치

향상의 예입니다.

- 특별한 레시피: 순록의 젖으로 만든 치즈 '레이패유스토'를 커피와 함께 제공하는 '핀란드식 커피' 개발
- 포장 개선: 친환경 포장재나 고급스러운 디자인 활용
- 추가 서비스: 아메리카노와 함께 뻥튀기나 팝콘을 제공

'시장가격 + 가치'로 여러 가격을 시트에 입력해서 생존이익률과 함께 보세요.

고객이 기쁘게 결제할 수 있는 가격도, 또 생존이익률도 모두 중요합니다. 판매가 인상과 변동비 절감으로 둘 사이의 균형을 잘 잡아서 최적의 가격을 정하시길 바랍니다.

경영의 신이 말하는 가격 결정의 본질

일본의 유명한 기업가로 '경영의 신'이라 불리는 이나모리 가즈오稻盛和夫는 "가격 결정이 곧 경영"이라고 말한 바 있습니다. 가격을 낮게 책정한 상품은 누구라도 팔 수 있지만, 그것이 경영은 아니라는 뜻입니다. 그는 "고객이 기쁜 마음으로 구매할 수 있는 가장 비싼 가격을 찾아야 한다"라고 이야기했습니다.

사장님도 이제 고객에게 기쁨을 주는 가치와 가격으로 가게를 운영해보세요. 생존이익률은 높이고, 고객에게는 더 큰 만족을 선물할 수 있을 겁니다.

05

온라인판매 사업자라면? 가격 결정 팁

온라인판매 사업자가 인테리어 상품을 판다고 가정하고 가격을 결정해볼까요?

먼저 다른 사업자들은 내가 파는 상품의 시장가격을 얼마로 책정했는지 살펴봅니다. 그리고 우리 상품을 통해, 스토어를 통해, 포장을 통해 제공할 수 있는 가치를 평가해서 가격을 매깁니다. 배송속도, CS, 상세 페이지의 디테일 등이 고객에게 가치를 전달하는 요소에 해당합니다.

작은 배려가 가격 저항을 줄인다

재래시장 등의 오프라인 매장에서는 파는 사람과 사는 사람이 서로 얼굴을 보고 대화도 나눌 기회가 있어 정이 싹트곤 하죠. 단골집도 그래서 생기는 걸 테고요. 그런데 얼굴 맞댈 일 없는 온라인 판매에서도 구매자에게 따뜻한 마음을 전달할 수 있습니다.

제 아내가 얼마 전 어느 온라인 판매업체에서 쌍화탕을 주문해 저희 부모님께 보낸 적이 있는데, 그 업체 사장님께 정말 감동했다고 이야기하더군요. 아내 입장에서는 두 번째 주문이었는데, 사장님이 그걸 기억하시고서는 쌍화탕과 함께 먹으면 좋은 간식거리들을 배송상자 안에 잔뜩 넣어주셨다네요.

뿐만 아니라 상품 배송 전에 아내에게 그 상자 안을 찍은 사진과 문자를 보내주셨다고 합니다. 시부모님께 보내는 건데 얼마나 마음이 쓰이시겠냐고, 배송이 잘되었는지 자신이 직접 확인전화를 드릴 테니 걱정하지 말라고요. 상품 가격만 보자면 절대 싸다고 할 수 없었지만, 아내는 가격의 높고 낮음을 떠나 그 사장님의 마음씀씀이에 정말 큰 만족도를 느꼈다고 합니다.

이렇듯 상품의 가치는 상품 그 자체만 가질 수 있는 것이 아닙니다. 고객을 위한 판매자의 세심한 배려도 그 상품의 가치를 높여주죠. 그것을 통해 함께 높아진 고객 만족도는 가격 저항을 줄여주는 요소가 된다는 점을 기억해두시면 좋겠습니다.

06

생존의 첫걸음, 손익분기점 매출액 계산하기

사장님, 가게를 운영하며 가장 먼저 달성해야 할 목표가 뭔지 아시나요? 바로 생존권에 진입하는 겁니다. 여기서 말하는 생존권은 손익분기점을 뜻합니다. 이익도 손실도 없는 지점, 바로 그 매출액을 계산하는 것이 생존의 시작입니다.

손익분기점 매출액이 왜 중요한 이유

"얼마를 팔아야 적자는 피하고, 딱 살아남을 수 있을까?"

이 질문의 답을 모르고 운영하는 사장님은 손실이 나도 눈치채지 못합니다. 결국 폐업한 후에야 문제를 깨닫게 되죠. 반면 손익분기점을 알고 운영하는 사장님은 정확한 생존목표를 가지고 움직입니다. 결과가 다를 수밖에 없겠죠.

손익분기점 매출액, 계산은 간단

손익분기점 매출액을 계산하려면 다음의 두 가지가 필요합니다.

- 고정비 총액: 매출과 상관없이 나가는 돈
- 생존이익률: 매출에서 변동비를 뺀 생존이익의 비율

그리고 이 둘을 활용한 계산 공식은 이렇습니다.

$$손익분기점 \ 매출액 = 고정비 \div 생존이익률$$

이 공식을 써서 손익분기점 매출액을 계산해보았습니다.

손익분기점 매출액 계산	
구분	금액(원)
고정비(A)	9,370,190
생존이익률(B)	54.00%
손익분기점 매출액(A/B)	17,352,204

이 표를 보니 생존이익률은 54.0%, 고정비 총액은 937만 190원이네요. 그럼 손익분기점 매출액도 공식에 따라 다음과 같

이 구할 수 있습니다.

937만 원 ÷ 54% = 약 1735만 원

즉, 한 달에 1735만 원을 벌어야 가게가 손익분기점에 도달합니다. 여기서부터가 생존의 출발선이죠. 손익분기점 매출액인 1735만 원만 달성하면 그 뒤는 다 사장님 몫이 되는 겁니다. 생각만 해도 기분이 좋죠?

손익분기점 매출액 계산을 위해 고정비를 생존이익률로 나누는 이유를 설명드릴게요. 생존이익에서 고정비를 빼면 영업이익이 나오죠? 이건 생존이익이 고정비보다 커야 사장님 손에 영업이익이 남는 거고, 생존이익이 고정비보다 작으면 손에 남는 것은 없고 오히려 손해를 본다는 의미입니다. 그래서 고정비 감당에 필요한 최소 매출액을 계산하기 위해 고정비를 생존이익률로 나누는 거랍니다.

생존력을 높이려면
손익분기점 매출액을 낮추자!

손익분기점 매출액이 커지면 생존권으로부터 멀어집니다. 그만큼 매출액을 달성하기 어려운 거죠. 그렇기에 손익분기점 매출액이 커지지 않도록 해야 합니다.

그럼 어떻게 해야 손익분기점 매출액을 낮출 수 있을까요? 방금 전에 배운 손익분기점 매출액 공식을 떠올리면 방법이 보입니다. 다음 페이지로 넘어가기 전에 여러분도 한번 생각해보세요.

손익분기점 매출액 = 고정비 ÷ 생존이익률

고정비를 관리하라

위의 공식에서 만약 고정비가 늘어나면 어떻게 될까요? 나뉘는 수가 커지니 손익분기점 매출액도 커지겠죠. 이건 좋지 않은 상황

손익분기점 매출액 계산			
구분	기존	고정비 증가	생존이익률 증가
고정비(A)	9,370,190	12,000,000	9,370,190
생존이익률(B)	54.00%	54.00%	60.00%
손익분기점 매출액(A/B)	17,352,204	22,222,222	15,616,983

입니다. 달성하기가 더 어려워지니까요.

표에서 고정비가 1200만 원으로 증가하니 손익분기점 매출액은 2200만 원으로 늘어났죠? 고정비 증가 전보다 500만 원을 더 팔아야 하니, 생존 가능성이 더 낮아졌습니다.

반대로 고정비를 130만 원 줄이면 손익분기점 매출액도 250만 원 정도로 줄어듭니다. 250만 원 덜 팔아도 손익분기점을 달성할 수 있는 거죠.

이렇듯 고정비를 줄여야 하니, 매출이 늘었다 해서 즉각 사람을 더 뽑으면 안 되겠죠? 키오스크를 도입하는 것도 고정비를 줄이는 방법입니다. 정부에서 키오스크 지원 사업을 하니 찾아보시면 도움이 될 겁니다. 돈 쓰는 광고보다 챗GPT와 같은 AI를 활용하여 SNS콘텐츠를 제작해보는 건 어떨까요? 또 소모품 예산을 정해서 꼭 필요한 것만 구입한다면 불필요한 비품비를 줄일 수 있습니다

생존이익률을 관리하라

이와 반대로 고정비는 그대로이고 생존이익률이 높아지면 손

익분기점 매출액은 작아집니다. 다시 표를 볼까요? 생존이익률이 6%p 증가하니 손익분기점 매출액이 1500만 원으로 기존에서 200만 원 정도 줄었네요. 200만 원어치를 덜 팔아도 이익과 손실이 만나는 구간에 진입하는 거죠.

반대로 생존이익률이 4%p 감소하면 손익분기점 매출액이 700만 원 가까이 늘어납니다. 700만 원어치를 더 팔아야 한다니 앞이 까마득해지네요.

그럼 생존이익률은 어떻게 높일 수 있을까요? 생존이익률은 매출액에서 변동비를 빼서 나온 생존이익을 매출액으로 나눈 비율입니다. 개별 메뉴로 보면 판매가에서 변동비를 빼면 생존이익이 나오고, 이 생존이익을 판매가로 나누면 제품 한 개당 생존이익률이 되겠죠?

따라서 판매가격을 인상하면 생존이익률이 증가합니다. 카페를 예로 들어볼게요. 3500원짜리 아메리카노를 4500원으로 1000원 인상하면 생존이익률이 2%p 올라갑니다.

또 변동비를 줄여도 생존이익률이 늘어납니다. 원두를 10000원에 구입했는데, 동일한 품질의 원두를 9000원에 구입하면 생존이익률은 3%p 올라가는 것이죠. 변동비의 경우 대부분이 재료비이므로 동일한 품질의 재료를 더 합리적인 가격에 구입하는 것이 좋습니다.

그렇다고 변동비를 아끼겠다며 더 저렴한 재료를 쓰면 안 됩니다. 재료가 달라지면 수만 번의 소비를 한 고객들은 바로 알아챕니다. 또 기존보다 커피 원액의 양을 줄이고 물의 양을 늘리면 고객이 모를까요? 고객이 뻔히 알 수 있는 것임에도 설마 하는 마음에 눈 가리고 아웅 하는 식으로 장사를 하는 건 위험합니다.

　이제 가게를 시작하는 단계라면 처음부터 고정비를 낮춰야 하고, 이미 가게를 하고 있다면 고정비를 줄일 방법을 찾아야 합니다. 그래야 생존을 보장하는 손익분기점 매출액을 달성하기 쉽습니다. 고정비를 낮추고 생존이익률을 높이면 손익분기점 매출액을 달성하기 쉬워지고, 그 결과로 생존권을 넘어 영업이익을 높일 수 있습니다.

생존을 넘어 성장으로

내 몫 챙기는
목표이익 매출액 계산하기

가게를 시작하면서 '한 달에 이 정도는 벌었으면 좋겠다!'는 생각을 하셨죠? 그런데 지금은 어떤가요? '좀 남았으면 좋겠다'는 생각으로 장사를 하고 있지는 않나요?

사장님 인건비를 뺀 영업이익이 바로 생존을 위한 2차 목표입니다. 사장님 인건비까지 포함해서 영업이익이 남는 건 아무 의미가 없습니다.

"인건비만 번다"라는 말은 정말 슬픈 겁니다. 내 몸을 갈아넣어야 이익을 남길 수 있다는 뜻이니까요. 반드시 사장님 인건비를 빼고도 남는 돈이 있어야 합니다.

그렇다면 얼마를 벌어야 내가 목표하는 영업이익을 달성할 수 있을까요? 이제부터 내 몫을 챙길 수 있는 목표이익 매출액 계산에 대해 알아보겠습니다.

목표이익 매출액 계산	
구분	계산
고정비(A)	9,000,000
목표이익(B)	3,000,000
생존이익률(C)	50.00%
목표이익 매출액 ((A+B)/C)	24,000,000

내 몫 챙기는 목표이익 매출액 계산법

얼마를 벌어야 목표이익을 달성할 수 있을까요? 계산은 아주 간단합니다!

1단계: 목표이익 설정

예를 들어 "한 달에 내 인건비 빼고 300만 원은 남겨야지!"라고 목표를 정합니다. 이 300만 원이 바로 목표이익입니다.

2단계: 고정비에 목표이익 더하기

손익계산서에 적힌 고정비에 목표이익을 더합니다. 예를 들어 고정비가 900만 원이고 목표이익이 300만 원이라면, 합계는 1200만 원이 됩니다.

3단계: 생존이익률로 나누기

이제 2단계에서 나온 합계를 손익계산서에 적힌 생존이익률로 나눕니다. 생존이익률이 50%라면 '1200만 원 ÷ 50%', 즉 2400만 원이 되겠죠. 이것이 바로 목표이익 매출액입니다.

고정비와 목표이익을 더한 금액을 생존이익률로 나누는 이유는 손익분기점 매출액에서 설명한 것과 똑같습니다. 고정비뿐 아니라 내가 가져갈 몫까지 감당하는 데 필요한 최소 매출액을 계산하기 위한 겁니다.

이 말은 2400만 원의 매출을 달성해야 내 인건비 빼고 300만 원이 남는다는 뜻입니다. 그러면 "내가 지금 1500만 원 매출도 겨우 내는데 2400만 원 매출을 어떻게 내니? 아이고, 머리야…" 하실 수 있죠.

이럴 땐 생존이익률을 높이거나 고정비를 낮춰서 목표이익 매출액을 낮춰야 합니다. 생존이익률을 60%로 높이면 2000만 원 매출만 달성해도 300만 원을 가져갈 수 있습니다.

이제 목표이익 매출액이 딱 보이니 '얼마를 팔아야 할지' 감이 오시죠? 막연히 '많이 팔아야지' 생각하는 것보다 훨씬 명확하지 않나요?

사장님, 오늘부터 목표이익과 목표이익 매출액을 숫자로 설정하고, 한 발 한 발 더 나아가보세요. 내 몸이 아닌 시스템이 돈을 벌게 만드는 첫걸음이 될 겁니다!

5장

생존력을 높이는 심플한 회계 시스템 구축하기

"언어의 한계는 세계의 한계다."

- 루트비히 비트겐슈타인 Ludwig Wittgenstein

5 회계는 언어다

"안녕하세요!"를 영어로는 "Hello!", 프랑스어로는 "Bonjour!", 스페인어로는 "¡Hola!"라고 하죠. 언어는 소통의 도구입니다. 그런데 비즈니스라는 나라에서 쓰는 언어는 뭘까요? 바로 회계입니다.

회계는 비즈니스의 공용어입니다. 투자자 워런 버핏Warren Buffett도 회계로 기업의 건강 상태를 읽어내죠. 예를 들어 누군가 "가게 매출이 어느 정도 되나요?"라고 물을 때 "잘 팔립니다!"라고 답하면 신뢰를 얻기 어렵습니다. 하지만 "지난해 매출은 5억 원이고, 매출 증가율은 20%입니다"라고 말하면 믿음이 가죠.

몇 년 전 한 지인이 작은 카페를 열었습니다. 매달 매출은 늘었지만 그녀는 늘 "왜 통장에 돈이 없지?"라며 답답해했죠. 회계 언어로 분석해보니, 매출이 증가한 건 사실이었지만 원재료비와 고정비는 매출보다 더 빠르게 늘고 있었습니다. 팔면 팔수록 손실이 커지는 구조였던 거죠. 회계를 몰라 사업의 신호를 읽지 못한 결과였습니다.

외국어를 하나도 모르는 채로 떠난 여행은 어렵고 불편합니다. 사업도 마찬가지입니다. 회계를 모르면 매출이 늘어도 불안하고 길을 잃기 쉽죠. 하지만 회계를 알고 나면 사업의 상태를 이해하고, 문제를 해결하며, 성장의 기회를 잡을 수 있습니다. 회계라는 언어로 사업과 대화하세요. 답은 그 안에서 찾을 수 있습니다.

회계로 가게 살리기, 이제 실전이다!

1장에서는 회계의 중요성을 배우고 가게의 현재 상태를 진단하는 법을 익혔어요. 2장에서는 돈의 흐름과 생존등식을 통해 가게를 바라보는 관점을 바꿨죠. 3장에서는 손익계산서를 통해 매출, 비용, 이익을 분석하는 방법을 배웠고, 4장에서는 생존이익률과 손익분기점을 활용해 가게의 생존과 성장을 위한 전략을 세웠습니다.

이제 회계 시스템을 직접 구축할 시간이에요. 장사도 머릿속으로 계획할 때와 손님을 직접 만날 때가 다르듯, 회계도 직접 해봐야 진짜 내 가게에 맞는 시스템을 만들 수 있습니다. 우리 가게에 딱 맞는 회계 시스템을 구축해서, 숫자로 장사를 지휘해봅시다!

01

대기업이 회계 시스템에
수백억 원을 투자하는 이유

시험이 끝나면 학생들은 두 부류로 나뉩니다.

첫 번째 부류는 "시험 끝났다"라고 외친 뒤 떡볶이를 먹으며 만화에 빠지는 학생들이고, 두 번째 부류는 틀린 문제를 오답노트에 정리하며 복습하는 학생들입니다. 그다음 시험의 결과는 뻔합니다. 더 좋은 성적을 받는 건 두 번째 부류의 학생들이겠죠.

가게 운영도 시험과 마찬가지입니다. 바둑 경기 후 기사들이 복기를 통해 승패를 분석하듯, 가게를 운영하는 사장님들도 정기적으로 결산이라는 복기를 해야 합니다.

결산은 한 달 동안 얼마를 벌었고, 얼마를 썼으며, 돈이 남았는지를 숫자로 정리하는 작업입니다. 작은 가게라도 반드시 결산을 해야 하는 이유는 여기에 있습니다.

실시간 경영의 비밀, 대기업의 회계 시스템

일본 제일의 부자이자 소프트뱅크 그룹을 이끄는 손정의 회장은 분 단위, 초 단위로 결산을 한다고 합니다. 밑에서 일하는 사람들이 죽어나갈 것 같지만 손정의 회장은 소프트뱅크Soft Bank라는 세계적 기업을 운영하면서 이를 가능케 하는 시스템을 만들어놓았습니다.

그렇다면 대기업들은 어떻게 이런 실시간 결산을 할까요? 바로 ERP Enterprise Resource Planning, 전사적 자원관리 시스템 덕분입니다.

ERP 시스템은 기업의 모든 활동(영업, 구매, 물류 등)을 연동해 실시간 데이터를 제공합니다. ERP 시스템 구축에는 수백억 원에서 수천억 원이 들지만, 이는 실시간 경영을 가능하게 하며 급변하는 시장에서 뒤처지지 않게 해줍니다. 소프트뱅크와 같은 대기업이 경쟁에서 살아남는 이유가 이것입니다.

우리 가게에도 회계 시스템이 필요하다

비록 대기업처럼 거대한 ERP 시스템을 구축할 수는 없지만, 작은 사업이라 해도 실시간 경영을 위해 회계 시스템이 필요합니다. 매일 결산을 하고, 손익과 현금흐름을 실시간으로 확인할 수 있어야만 사업의 건강 상태를 정확히 파악할 수 있기 때문입니다. 회계 시스템이 마련되면 다음과 같은 일이 가능해집니다.

- 매출 증감 분석: 어디서 매출이 늘었고 줄었는지 확인
- 비용 초과 점검: 예산 대비 초과된 비용을 발견
- 현금흐름 점검: 외상대금 지급이나 투자금 회수를 위한 현금이 충분한지 확인

이런 정보가 없다면, 바쁜 일상 속에서 매일 적자가 나고 있다는 사실을 모르는 채 운영하다 결국 폐업 위기에 처할 수 있습니다.

회계 시스템은 부정을 방지한다

가게를 운영하다 보면 가장 걱정되는 것이 '돈 문제'입니다. 특히 직원에 의한 횡령 사건은 사업 규모와 상관없이 발생할 수 있죠. 하지만 함께 일하는 사람을 무조건 의심할 수도 없습니다. 회계 시스템은 투명한 돈 관리로 부정의 가능성을 줄여줍니다.

제가 운영하는 가게에서 직원이 현금 시재를 틀리게 보고한 적이 있었습니다. 하지만 시스템을 통해 전날 시재와 오늘 시재, 현금지출 내역을 이미 파악한 저는 원인을 알고 있었습니다. 직원에게 현금 시재가 틀렸고 그 이유가 무엇인지를 알려주자 제가 이미 알고 있다는 사실에 놀라면서 한마디 하더군요.

"궁예세요?"

이렇게 시스템으로 돈의 흐름을 투명하게 관리하면 부정이 발생할 여지를 줄일 수 있습니다.

최소한의 노력으로 최대 효과를 내는 맞춤형 회계 시스템

작은 사업을 위한 회계 시스템은 다음과 같이 간단히 구성할 수 있습니다.

- 매출현황: 매일 매출 기록
- 비용현황: 지출 기록
- 비용집계표: 매출과 비용을 자동 집계
- 손익계산서: 이익 또는 손실 확인
- 현금흐름표: 현금이 얼마나 들어오고 나갔는지 보여줌

이제부터 함께 만들 이 회계 시스템은 간단하고 직관적입니다. 매출과 비용만 입력하면 자동으로 모든 표에 반영되는 심플한 구조이므로 누구나 쉽게 읽고 사용할 수 있습니다. 무엇보다 이 책을

읽고 계신 사장님께서는 이 시스템을 공짜로 만들 수 있죠.

최소한의 노력으로 최대한의 효과를 만드는 우리 가게 맞춤형 회계 시스템 만들기, 지금부터 저와 함께 해보시죠.

02

회계 시스템의 핵심, 손익계산서를 만들기 전 반드시 준비할 것들

손익계산서는 회계 시스템의 핵심입니다. 사업을 운영하는 사장님이라면 반드시 손익계산서를 작성해야 합니다. 하지만 제대로 된 손익계산서를 만들려면 몇 가지 준비가 필요합니다. 먼저 이 준비 단계에 대해 이야기해볼게요.

첫 번째: 개인용 카드와 사업용 카드를 철저히 구분하기

사장님, 혹시 개인용 카드와 사업용 카드를 섞어 쓴 적 있으신가요? 만약 그렇다면 손익계산서 작성이 복잡해질 수 있습니다. 사업 경비와 개인 소비를 구분하지 않을 경우 정확한 비용 산출이 어려워지기 때문이죠. 이건 기본 중의 기본이니 두 카드는 반드시 구분해서 사용하세요.

이 문제를 해결하려면 가게 운영에만 쓰는 사업용 카드를 별도로 만들어야 합니다. 그런데 여기서 오해하지 말아야 할 점이 있어요. 은행에서 권유하는 '사업 전용 카드'를 꼭 발급받을 필요는 없다는 게 그것입니다.

이미 가지고 있는 개인용 카드도 충분히 사업용 카드로 사용할 수 있습니다. 방법은 간단합니다. 국세청 홈택스에 카드만 등록하면 개인용 카드가 사업용 카드로 변신합니다. 은행에서 사업 전용 카드를 발급받으라는 건 마케팅 상술일 뿐이니 너무 신경 쓰지 마세요.

가게 운영을 위해 지출할 때 혜택이 큰 카드로 등록하면 더욱 좋겠죠? 예를 들어 네이버쇼핑을 자주 이용한다면 네이버페이 포인트가 많이 쌓이는 카드로, 쿠팡을 자주 이용한다면 적립을 더 많이 해주는 쿠팡 전용 카드로 사업용 카드를 만들면 좋습니다. 적립금을 사용해 결제하면 변동비 절감으로 이어지니까요.

두 번째: 홈택스에 사업용 카드를 꼭 등록하세요

사업용 카드를 국세청 홈택스에 등록해두면 여러 가지로 편리합니다. 우선 카드 사용 내역을 홈택스에서 자동으로 불러올 수 있어 부가세 혹은 종합소득세를 신고할 때 편하죠. 또 손익계산서에 기록한 비용 내역을 카드 사용 내역과 비교할 수 있어 누락된 내역을 확인하기도 쉽습니다. 세무사에게 세무 대행을 맡기더라도 중요 부분을 빠짐없이 챙길 수 있고요.

국세청 홈택스에 사업용 카드를 등록하는 절차는 다음과 같이 간단합니다. 어렵지 않으니 얼른 등록하시고 사업 효율성을 크게 높여보세요.

1) 국세청 홈택스에 접속합니다
2) '계산서·영수증·카드' 메뉴에서 '신용카드 매입'을, 이어 '사업용 신용카드 등록 및 조회'를 선택합니다.
3) 개인정보 제공 동의서의 '동의함'에 체크하고, 사업자 등록 번호를 확인합니다.
4) '사업용 신용카드 번호'를 입력한 뒤 하단의 '등록접수하기'를 선택합니다.

세 번째: 부가세 포함 금액으로 기록하세요

손익계산서에는 매출과 비용 모두를 부가세 포함 금액으로 입력하는 것이 좋습니다. 매출에서 발생한 부가세나 비용에서 발생한 부가세는 사실 남의 돈입니다. 부채로 간주되죠. 하지만 건건이 부가세를 제외하고 기록하려면 매우 번거롭습니다. 그래서 아예 부가세를 포함한 금액으로 손익계산서를 작성해두는 편이 훨씬 실용적입니다. 실제 부가세 신고 시에는 시스템이 이를 자동으로 구분해주기 때문에 큰 문제 없이 진행할 수 있습니다.

네 번째: 기록은 매일매일, 5분 습관 만들기

손익계산서는 기록의 연속입니다. 그런데 이 기록을 월말에 몰아서 하려고 하면 어떻게 될까요? 거래 내역을 빠뜨리거나 시간이

너무 오래 걸려 힘들어질 겁니다.

그래서 저는 매일 5분 정도 시간을 내어 기록해두는 습관을 추천합니다. 예를 들어 재료를 구입하거나 현금 이동이 발생할 때 곧바로 기록하고, 마감 후 직원이 보고한 매출 내역을 마지막으로 정리하는 것입니다. 이렇게 매일 기록해나가면 월말에 따로 고생할 일이 없습니다.

마감 후 5분 또는 다음 날 오픈 전 5분만 투자하면 가게의 실태를 정확히 파악할 수 있습니다.

손익계산서를 만들기 위한 준비는 생각보다 간단합니다. 하지만 이 단계를 소홀히 하면 결과물이 부정확해지고, 실태를 제대로 파악하기가 어려워질 수 있죠.

사업용 카드 사용, 홈택스 등록, 부가세 포함 기록 그리고 매일 5분 기록의 습관화! 이 네 가지를 실천하면, 손익계산서가 단순한 문서가 아니라 사업의 진짜 실태를 보여주는 훌륭한 도구로 변할 겁니다.

그럼 이제 준비를 마쳤으니 손익계산서를 작성하러 가볼까요?

03
얼마 벌었지?
매출현황표 작성하기

손익계산서는 사업의 성적표입니다. 그중에서도 매출은 손익계산서의 가장 중요한 시작점이죠. 이번에는 매출액 집계를 위한 매출현황표 작성법을 다뤄볼게요.

매출현황표는 손익계산서의 수익(매출) 부분을 채우기 위해 꼭 필요한 도구입니다. 사장님만의 맞춤형 매출현황표를 만들어, 사업의 흐름을 정확히 파악하고 관리해봅시다!

5월 일매출현황										
날짜	매장	배달의민족	쿠팡이츠	요기요	제로페이&카카오페이	통장입금	합계	누적합계	일	일평균매출
5월 1일	360,000	192,000	108,000	56,000	33,000		749,000	749,000	1	749,000
5월 2일	320,000	324,000	87,500	68,000	24,000		823,500	1,572,500	2	786,250
5월 3일	380,000	276,000	72,400	34,000	47,000		809,400	2,381,900	3	793,967
5월 4일	315,000	312,000	93,700	48,000	64,000		832,700	3,214,600	4	803,650
5월 5일	396,000	281,000	87,000	32,000	29,000		825,000	4,039,600	5	807,920

오프라인 사업자의 매출현황표 작성

매출현황표는 하루 간의 매출을 기록하는 표입니다. 매출은 결제 방식과 매출 형태에 따라 구분됩니다. 예를 들어 매장 내 결제, 키오스크, 배달앱(배달의민족, 쿠팡이츠, 요기요), 카카오페이, 제로페이 같은 결제 방식을 구분하고, 각각의 매출 흐름을 확인할 수 있도록 기록합니다. 이렇게 꼼꼼히 세분화해 기록해둔 매출현황표는 그저 단순히 수치들을 모아놓은 표에 그치지 않고, 사업 전략을 세우는 데 큰 도움을 주는 무기가 됩니다.

저는 매장을 운영하면서 이 매출현황표를 매우 유용하게 사용하고 있어요. 매출 목표를 우선 '매장 매출 60%, 배달 매출 40%'로 설정한 다음, 매출현황표를 통해 목표 달성 여부를 꾸준히 확인하며 그에 필요한 전략들을 실행했죠. 결제 방식과 매출 형태에 따라 세세히 기록해둔 항목들을 비교 혹은 분석하면 다음과 같이 여러 전략의 수립에 활용할 수 있습니다.

- 매장 결제와 키오스크 결제 비교: 키오스크 결제가 많다면 키오스크에 특정 상품의 POP를 배치해 판매를 유도합니다.
- 카카오페이와 제로페이의 매출: 수수료가 낮으므로 해당 결제를 유도하는 이벤트를 기획할 수 있습니다. 예를 들어 카카오페이 결제 시 특정 메뉴 할인 제공과 같은 이벤트를 진행합니다.
- 배달 매출 분석: 배달의민족, 쿠팡이츠, 요기요를 구분해 고객

선호도를 파악하고, 수수료 면에서 유리한 플랫폼으로 매출을 유도하거나, 배달팁 할인 이벤트를 진행해 매출을 끌어올릴 수 있습니다.

매출현황표를 매일 기록하면 또 다른 이점이 있습니다. 일매출을 통해 일평균매출을 계산하고, 이번 달 목표 매출 달성 가능성을 예측할 수 있다는 점입니다. 전월의 같은 날짜에 기록된 매출과 비교해 매출 흐름을 점검하고, 부족한 부분을 보완하는 이벤트를 기획하는 데도 활용됩니다. 예를 들어 '아이스크림 주문 시 무료 토핑 서비스'처럼 간단한 이벤트만 기획해도 매출 상승에 효과적일 수 있죠.

온라인 사업자의 매출현황표 작성

온라인 사업자라면 우선 네이버 스마트스토어의 수수료 체계를 살펴보세요. 네이버 스마트스토어의 수수료는 '매출연동수수료'와 '결제수수료'로 나뉘고 결제 유형, 즉 어떤 수단으로 결제되었는가에 따라 수수료율도 다릅니다. 신용카드 결제, 계좌이체, 무통장입금(가상계좌), 휴대폰 결제, 네이버페이 포인트 결제 등에 따라 수수료율이 각각 달리 매겨진다는 뜻입니다. 네이버 스마트스토어만 이런 특징을 가진 것은 아니니, 다른 온라인 플랫폼에 매장을 여는 분들도 수수료 체계가 이렇게 다를 수 있음을 사전에 파악해두는 편이 좋습니다.

따라서 사장님들은 각 결제 유형별 수수료가 얼마인지를 꼼꼼히 구분해 매출현황표에 기록해야 합니다. 이렇게 해두면 수수료 차이를 고려, 보다 유리한 방식으로 고객들의 결제를 유도하는 이벤트를 기획할 수 있기 때문입니다. 예를 들어 휴대폰 결제 시의 수수료는 최대 5.85%에 이르지만 무통장입금 방식으로 결제할 시의 수수료는 3%로 더 낮으니, 무통장입금 결제로 고객들을 유도하는 할인 이벤트를 진행해볼 수 있을 겁니다.

더불어 매출의 출처를 구분하는 것도 중요합니다. 네이버 스마트스토어에서 비롯된 매출인지, SNS에서부터 유입된 매출인지, 아니면 자사몰에서 발생한 매출인지 등을 말이죠. 이렇게 매출의 출처를 구분해 기록해두면 각 채널에서의 매출 흐름을 파악하고, 그에 맞춰 마케팅 전략도 보다 효율적으로 세울 수 있습니다.

매출현황표의 핵심: 일평균매출 계산

매출현황표에서 가장 중요한 부분은 일평균매출입니다. 일평균매출은 지금까지 발생한 누적 매출을 날짜 수로 나누어 계산합니다. 이를 통해 목표한 일평균매출에 도달했는지, 부족한 부분이 무엇인지 확인할 수 있죠. 예를 들어 일평균매출이 목표보다 낮게 나왔다면 생존이익률이 높은 제품을 중심으로 이벤트를 진행하거나, 매출이 부족한 결제 유형이나 채널에 집중적인 프로모션을 펼칠 수 있습니다.

매출현황표에 일매출을 기록하면 손익계산서에도 실시간으로 매출액이 반영됩니다. 그 결과, 이번 달 목표 매출 대비 누적 매출 달성률을 바로 확인할 수 있습니다. 이 데이터는 사장님이 현재 상황을 분석하고 필요한 전략을 세우는 데 큰 도움이 됩니다.

기록은 습관입니다: 매일매일 매출현황표 정리하기

매출현황표는 매일 기록하는 것이 중요합니다. 마감 후 곧바로 기록하는 습관을 들이면 거래 누락을 방지할 수 있고, 데이터 분석도 훨씬 수월해집니다.

마치 일기를 쓰듯, 하루 매출을 정리하고 잠자리에 드는 것을 루틴으로 만들어보세요. 작은 습관이 쌓여 사업의 실태를 명확히 파악하고 개선할 수 있는 힘을 가져다줄 겁니다.

손익계산서 작성을 위한 첫 단계, 매출현황표 작성! 이제 하실 수 있겠죠?

04
얼마 썼지?
비용현황표 만들기

　손익계산서의 핵심 공식은 '수익 – 비용 = 이익'입니다. 여기서 '비용'이 중요한 것은 비용을 제대로 기록하지 않으면 정확한 이익을 계산할 수 없기 때문입니다.

　비용 역시 매출처럼 매일 기록하는 습관을 길러야 합니다. 비용을 결제한 즉시 비용현황표에 써두세요. 머리만 믿고 일주일치 혹은 한 달치를 몰아서 기록하려 하지 마세요. 머리로 기억하려다 보면 까먹거나 헷갈리기 마련입니다. 저도 그래서 항상 비용이 발생하는 그 즉시 곧바로 기록합니다.

　비용현황표는 변동비와 고정비로 구분되며, 매출현황표보다 더 다양한 항목을 포함합니다. 각 항목을 어떻게 관리해야 하는지 하나씩 살펴보겠습니다.

비용현황표												
구분	합계	변동비			고정비							
		재료비	배달대행료	카드수수료	인건비	4대보험	소득주민세	복리후생비	매장월세	관리비	소모품비	감가상각비
5월1일	43,090	43,090										
5월2일	165,000	66,000									99,000	
5월3일	82,000	82,000										
5월4일	32,800	32,800										
5월5일	3,820,000	620,000							2,400,000	800,000		

비용현황표로 변동비 관리하는 방법

비용현황표의 가장 왼쪽에는 변동비가 자리합니다. 변동비는 매출과 비례해 발생하는 비용입니다. 예를 들어 베이커리에서 토스트를 판다면 식빵, 계란, 베이컨, 소스, 포장용기가 재료비, 즉 변동비에 해당합니다. 온라인 쇼핑몰이라면 상품매입비가 이에 속하겠죠.

재료비를 정확히 계산하는 법

재료비는 비용현황표에서 가장 중요하고 큰 비중을 차지합니다. 그런데 단순히 이번 달에 구입한 재료비를 기록하는 것만으로는 충분하지 않아요. 그보다는 이번 달에 사용한 만큼의 재료비를 계산해야 합니다. 다음은 정확한 재료비를 구하는 공식입니다.

이번 달 재료비 = 당월 구입한 재료비 + 전월 말일 재료
– 당월 말일 재료

예를 들어 요거트 가게에서는 요거트를 만들기 위해 우유를 사용합니다. 4월 말에 보니 우유가 20개 남았습니다. 이건 5월에 사용할 수 있겠죠? 5월 한 달간 구매한 우유는 200개입니다. 그럼 4월 말에 남은 우유 20개와 5월 한 달간 구매한 우유 200개를 합쳐서 총 220개를 5월에 사용할 수 있습니다. 그리고 5월 말이 되어서 보니 우유가 다섯 개 남아 있습니다. 그럼 5월에 우유를 얼마나 사용했는지 정확히 계산해볼까요?

5월 구입한 우유 200개 + 4월 말 남은 우유 20개 - 5월 말 남은 우유 5개 = 215개 사용

이렇게 나온 215개에 우유의 단가를 곱하면 5월에 사용한 우유 비용을 계산할 수 있습니다.

정확한 재료비 관리에 필요한 재고현황표 작성법

재료비를 정확히 계산하려면 재고현황표가 필수적으로 필요합니다. 재고현황표는 구매한 재료의 수량, 단가, 남은 양을 기록하고, 이를 곱해 금액으로 환산합니다.

그런데 남은 재료의 계산이 어려운 경우가 있습니다. 소스의 경우 '조금밖에 사용 안 했는데 이걸 어떻게 계산하지?' 고민하게 되죠. 저라면 이런 경우엔 재고현황에 기록하지 않습니다. 재고가 아닌 다 쓴 걸로 처리하겠다는 겁니다. 이런 식으로 사장님만의 기준

5월 재고현황표					
구분	결제금액 (vat포함)	수량	단가	재고수량	총금액
그릭요거트	99,000	1	99,000	10	990,000
우유]	1,950	1	1,950	12	23,400
냉동블루베리	110,000	10	11,000	2	22,000
파우더	90,000	12	7,500	13	97,500
포장스푼	57,000	2,000	25	800	20,000
레몬청	24,000	2	12,000	1	12,000
돔뚜껑	29,000	1,000	29	550	15,950
16온스 컵	49,000	1,000	50	188	9,400
봉투	36,000	500	72	50	3,600
당월 말일재고(A)					1,193,850
전월 말일재고(B)					1,969,850
당월 구입재료비용(C)					8,200,000
당월 재료비용(B + C − A)					8,976,000

을 정하셔야 합니다.

만약 제품을 만드는 데 통나무를 사용한다면 남은 통나무는 어떻게 계산해야 할까요? 남은 분량의 통나무로 제작할 수 있는 제품의 개수를 추정해 재고현황표에 기록하면 됩니다. 이렇게 재료별로 어떻게 작성하는 것이 좋은지 고민한 뒤 재고현황표를 기록하면 조금 더 체계적으로 정리할 수 있습니다.

그런데 이런 식의 재료비 계산이 번거롭거나 힘들다고 느껴진다면 단순히 당월 구입한 금액을 재료비로 기록할 수도 있습니다.

하지만 남은 재료도 사용한 걸로 간주하기 때문에 정확한 계산이 안 된다는 점은 명심해야 합니다. 또 이 경우에도 재고관리를 주기적으로 해서 묵은 재고를 파악하고, 불필요한 지출을 줄이는 노력을 병행해야 합니다.

비용현황표로 고정비 관리하는 방법

고정비는 매출과 상관없이 매달 일정하게 나가는 비용입니다. 대표적으로 인건비, 임차료, 관리비, 전기료, 감가상각비 등이 있습니다.

사장님 인건비도 기록해야 할까?

혼자 일하시는 많은 사장님들은 대개 자신의 노동 가치를 인건비로 반영하지 않습니다. 하지만 정확한 영업이익을 계산하려면 사장님의 노동도 비용으로 기록해야 합니다.

아는 사장님 중 혼자 일하시며 한 달에 500만 원을 남긴다는 분이 계셨습니다. 그분의 가게는 아침 7시부터 밤 10시까지, 연중무휴로 영업을 합니다. 하루에 15시간을 근무하니까 한 달이면 450시간(15시간 × 30일) 동안 일하는 겁니다. 500만 원을 이 450시간으로 나누면 시간당 1만 1111원이니, 최저시급보다 조금 많은 셈입니다. 사장님의 인건비를 빼고 나면 실제로 남는 돈은 거의 없었던 셈이죠.

그렇다면 사장님의 인건비를 어떻게 책정해야 할까요? "남는

게 다 내 인건비 아냐?"라고 하지 마시고, 하루 8시간씩 평일에만 근무한다면 '8시간 × 22일 × 최저시급'으로 인건비를 계산해 비용에 반영해보세요. 이렇게 해야 비로소 사장님의 몸값을 제외한 진정한 영업이익을 확인할 수 있고, 나중에 직원을 채용할 때 월급을 주고도 얼마가 남을지를 계산해볼 수 있습니다.

기타 고정비 항목 관리

- 임차료, 관리비, 공과금: 매달 금액 변동이 있는 경우 원인을 반드시 확인해야 합니다. 예를 들어 수도 사용료가 갑자기 두 배로 증가했다면 건물주에게 문의해 잘못 부과된 건 아닌지 확인해야 합니다. 저희 가게가 있는 건물에서도 온수기 고장으로 물이 줄줄 새고 있었는데 그것을 모르고 방치했더니 그달 수도 사용료가 50만 원이 넘게 나오더군요. 깜짝 놀라 그 원인을 찾았고, 온수기를 재설치해서 누수를 막을 수 있었습니다. 누수의 경우 관할 상수도사업본부 홈페이지에 들어가 누수 수도세 감면 신청을 할 수 있으니 만약 누수에 해당하면 꼭 확인해보세요.
- 복리후생비: 직원 회식, 선물 등 직원 복지를 위한 비용으로 사용합니다. 직원이 없는 경우에는 해당 항목을 사용하지 않습니다.
- 소모품비: 포스트잇, 세제, 장갑 등 쉽게 소모되는 물품 구매 시 기록합니다.

- 이자비용: 대출금 이자는 발생 시점에 맞춰 기록합니다. 원금 상환은 이자비용이 아니니 손익계산서가 아닌 현금흐름표에 기록합니다.

매출과 비용, 함께 관리하기

카드수수료는 캐시노트나 쇼핑몰 플랫폼에서 제공하는 데이터를 활용해 말일 기준으로 입력할 수 있습니다. 배달대행수수료는 배달대행사에서 발행한 세금계산서를 참고하거나, 배달매출액에 수수료율을 곱해 계산할 수도 있습니다.

이상과 같이 비용현황표를 활용해 자신이 쓴 비용을 체계적으로 기록하면 손익계산서에 그것이 자동 반영되어 사업의 실태를 정확히 파악할 수 있습니다. 그러니 비용현황표를 매일 작성하는 습관을 들이세요. 작은 습관이 큰 차이를 만듭니다.

또한 비용을 기록할 때는 단순히 숫자를 적는다고만 생각하지 마시고 재고관리, 비용 절감의 기회로 활용하세요. 특히 잠자고 있는 재고는 과거에 '현금을 주고 산 자산'입니다. 이런 점까지 염두에 두면 비용 기록을 통해 불필요한 재고를 줄이고, 재료를 구매할 때 신중히 하는 태도를 기를 수 있습니다.

05

인건비 세부내역
작성하기

인건비는 사업의 고정비 중 큰 비중을 차지하는 것으로, 급여와 4대보험비로 나뉩니다. 이를 정확히 계산하고 기록해야 직원에게 실제로 지급하는 금액이 얼마인지 파악할 수 있습니다.

저는 매월 말일 기준으로 인건비를 지급하며, 그에 따라 급여와 4대보험비 내역을 반영해 비용현황표에 입력합니다. 사장님도 인건비를 지급하는 날짜를 기준으로 입력하시면 됩니다.

월 인건비 지급내역												
이름	시간	시급	총급여액(a)	소득세(b)	주민세(c)	건강보험(d)	국민연금(e)	고용보험(f)	산재보험(g)	지급액 (h)=(a)−(b)−(c)−(d)−(e)−(f)	입사일자	주민번호	월보수액(신고기준)
직원: 윤OO	250.0	12,000	3,000,000	74,350	7,430	120,120	135,000	27,000	27,000	2,636,100	20.12	780912− *******	3,000,000
사장님 부담						240,240	270,000	61,500	27,780	599,520			

4대보험비 계산: 꼼꼼함이 답이다

4대보험은 국민연금, 건강보험, 고용보험, 산재보험으로 구성됩니다. 이 항목들은 각 보험 공단별로 고지되며, 개인별로 납부 금액을 계산해야 합니다.

하지만 이 과정이 생각보다 복잡합니다. 특히 두루누리 지원금을 받는 가게라면 공단에서 제공하는 총액만으로는 정확한 개인별 납부 금액을 파악하기 어렵습니다. 4대보험비의 정확한 산출법을 익혀야 하는 이유입니다.

정확한 4대보험비 산출 방법

국민연금비는 국민연금공단에서, 건강보험비는 건강보험공단에서, 고용보험비와 산재보험비는 근로복지공단에서 산출 내역을 확인합니다. 각 공단에 전화 요청을 하면 개인별 고지 금액과 지원 내역을 팩스로 받아볼 수 있습니다. 이를 통해 개인별 납부 금액의 정확한 계산이 가능합니다.

인건비 지급내역서: 필수 정보로 간편하게 관리하기

인건비 지급내역서는 단순히 급여를 기록하는 것을 넘어, 각종 신고에 필요한 정보를 포함하도록 구성해야 합니다.

- 신고 기준 보수액: 4대보험 보수총액 신고 시 활용됩니다.
- 주민등록번호: 각종 신고 시 필수로 요구됩니다.

- 입사일자: 인건비 지급명세서 신고와 직원 관리에 유용합니다.

인건비 지급내역서를 미리 잘 정리해두면, 매달 새로 계산하거나 정보를 찾는 번거로움을 크게 줄일 수 있습니다.

06

손익을 한눈에 파악하는 손익계산서 완성

매출과 비용을 모두 입력했다면, 비용집계표에 자동으로 계산된 금액이 나타납니다. 비용집계표를 보면서 혹시 빠뜨린 항목은 없는지, 비용 금액이 정확히 반영되었는지 꼼꼼히 확인하세요.

비용집계표의 총비용이 비용현황표의 총비용 금액과 동일한지도 확인해야 합니다. 하단에는 매출과 비용의 차액이 계산되므로, 손익계산서를 보기 전에도 이미 영업이익인지, 손실인지, 그 금액이 얼마인지 파악할 수 있습니다.

손익계산서: 단순 기록에서 관리 도구로

이제 손익계산서가 완성되었습니다. 하지만 손익계산서는 단순히 숫자를 기록한 서류가 아니라 사업을 관리하고 판단하는 핵심 도구입니다. 이를 제대로 활용하려면 계획과 실적을 비교하며

월 매출&비용집계표

구분		금액	구성비율
매출	매장	17,900,000	74.6%
	배달의민족	3,000,000	12.5%
	쿠팡이츠	2,000,000	8.3%
	요기요	500,000	2.1%
	페이	450,000	1.9%
	통장입금	150,000	0.6%
매출액		**24,000,000**	**100.0%**
변동비	재료비	8,976,000	37.4%
	판매수수료	3,000,000	12.5%
	결제수수료	240,000	1.0%
소계		**12,216,000**	**50.9%**
고정비	인건비	2,636,100	11.0%
	건강보험	404,880	1.7%
	국민연금	486,000	2.0%
	고용보험	61,500	0.3%
	산재보험	27,780	0.1%
	복리후생비	300,000	1.3%
	매장월세	2,400,000	10.0%
	관리비	800,000	3.3%
	소득세	74,350	0.3%
	지방소득세	7,430	0.0%
	세금과 공과	100,000	0.4%
	소모품비	150,000	0.6%
	수리비	97,000	0.4%
	교통비	100,000	0.4%
	운반비	50,000	0.2%
	통신비	70,000	0.3%
	지급수수료	33,000	0.2%
	포스 사용료	20,000	0.1%
	광고료	550,000	2.3%
	감가상각비	800,000	3.3%
	기장료	110,000	0.5%
소계		**9,278,040**	**38.7%**
변동 + 고정 비용 합계		**21,494,040**	**100.0%**
매출 – 비용		**2,505,960**	

5월 손익계산서			
내역	세부	금액	비율(%)
매출액(A)	공급가액	21,818,182	90.9%
	부가세액	2,181,818	9.1%
	매출액(A)	**24,000,000**	**100.0%**
변동비(B)	재료비	8,976,000	37.4%
	판매수수료	3,000,000	12.5%
	결제수수료	240,000	1.0%
	변동비 합계(B)	**12,216,000**	**50.9%**
생존이익(C = A - B)		**11,784,000**	**49.1%**
고정비(D)	인건비	2,636,100	11.0%
	건강보험	404,880	1.7%
	국민연금	486,000	2.0%
	고용보험	61,500	0.3%
	산재보험	27,780	0.1%
	복리후생비	300,000	1.3%
	매장월세	2,400,000	10.0%
	관리비	800,000	3.3%
	소득세	74,350	0.3%
	지방소득세	7,430	0.0%
	세금과 공과	100,000	0.4%
	소모품비	150,000	0.6%
	수리비	97,000	0.4%
	교통비	100,000	0.4%
	운반비	50,000	0.2%
	통신비(인터넷, 전화)	70,000	0.3%
	지급수수료	33,000	0.1%
	포스&키오스크 사용료	20,000	0.1%
	광고료	550,000	2.3%
	감가상각비	800,000	3.3%
	기장료	110,000	0.5%
	고정비 합계(D)	**9,278,040**	**38.7%**
영업이익(E = C - D)		**2,505,960**	**10.4%**

봐야 합니다. 이번 달 계획했던 매출과 비용, 그리고 실제 발생한 매출과 비용을 나란히 놓고 비교해보세요. 이 차이를 통해 사업 운영 상태를 명확히 진단할 수 있습니다.

계획과 실적의 차이: 원인 분석과 개선 전략 수립

계획보다 비용이 초과되었거나 매출이 부족하다면 그 원인을 반드시 분석해야 합니다. 예를 들어 이번 달에 마케팅 외주 비용으로 24만 원을 계획했지만 실제로는 55만 원이 발생했다면 31만 원을 초과한 셈이죠. 이 초과분은 다음 달 예산에 반영해야 합니다. 즉, 다음 달의 마케팅 외주비 계획에 24만 원을 마이너스로 넣고 그다음 달에도 아직 남은 초과분 7만 원(31만 원 - 24만 원)을 마이너스로 반영해야 균형을 맞출 수 있습니다.

이처럼 계획과 실적의 차이를 비교하고, 증감 내역의 원인을 분석한 뒤에는 목표를 재조정해야 합니다. 그 목표를 달성하는 데 중요한 것은 구체적인 전략을 수립하고 실행하는 일이고요.

사업의 추세를 읽는 연간 손익계산서

한 달 손익계산서를 작성했다면 이제 사업의 큰 그림을 보기 위해 연간 손익계산서를 작성할 차례입니다. 연간 손익계산서는 단순히 월별 결과를 누적하는 표가 아니라 사업의 흐름과 추세를 긴 시각에서 바라보고 읽는 데 필요한 중요 도구입니다. 이를 통해 매출의 상승 또는 하락 요인을 분석하고, 비용 증가의 원인을 파악하며, 사업 운영의 방향성을 잡을 수 있기 때문입니다.

연간 손익계산서 작성 방법

연간 손익계산서를 작성하는 방법은 매우 간단합니다. 월별 손익계산서와 형식이 동일하기 때문이죠. 각 달의 손익계산서에 있는 숫자들을 그대로 가져와 해당 월의 칸에 넣기만 하면 됩니다.

이렇게 작성된 연간 손익계산서를 보면 한눈에 월별 추세를 파악할 수 있습니다. 예를 들어 특정 월에 매출이 급증하거나 감소한 이유를 확인할 수 있고, 비용 항목 중 어느 부분이 비정상적으로 늘었는지 등을 살펴볼 수 있습니다. 때문에 이 데이터는 단순히 기록으로 끝나는 것이 아니라 가게의 운영 전략을 세우는 기준이 됩니다.

연간 손익계산서를 활용한 추세 분석

연간 손익계산서를 작성하면 시간적 흐름에 따라 사업의 상태를 비교 분석할 수 있습니다. 올해 7월과 작년 7월의 매출과 비용

연간 손익계산서															
내역	세부	1월	2월	3월	4월	5월	6월	7월	8월	9월	10월	11월	12월		합계
매출액(A)	공급가액														
	부가세액														
	매출액(A)														
변동비(B)	재료비														
	판매수수료														
	결제수수료														
	변동비 합계(B)														
생존이익(C = A - B)															
고정비(D)	인건비														
	건강보험														
	국민연금														
	고용보험														
	산재보험														
	복리후생비														
	매장월세														
	관리비														
	소득세														
	지방소득세														
	세금과 공과														
	소모품비														
	수리비														
	교통비														
	운반비														
	통신비(인터넷, 전화)														
	지급수수료														
	포스&키오스크 사용료														
	광고료														
	감가상각비														
	기장료														
	고정비 합계(D)														
영업이익(E = C - D)															

항목을 비교하거나, 올해 6월과 7월의 매출과 비용을 비교해 증감을 확인하는 식으로요. 또한 연간 매출목표를 설정하고, 현재 시점까지의 누적 매출액과 비교해 목표 달성률을 계산할 수 있습니다.

이런 데이터는 성수기와 비성수기에 따른 매출 변화를 분석하는 데도 유용합니다. 예를 들어 여름철에 시원한 음료나 아이스크림 매출이 증가한다면 이와 관련된 이벤트를 기획할 수 있습니다. 반대로 생존이익률이 높은데 비성수기라 판매량이 적은 상품이 있다면, 이를 인기 상품과 묶어 판매해 생존이익률을 높이는 전략도 가능합니다.

연간 손익계산서가 주는 힘

연간 손익계산서를 작성하면 내 사업의 역사가 숫자로 정리됩니다. 매출과 비용, 생존이익률의 변동까지 모두 한눈에 볼 수 있죠. 이는 단순한 기록 이상의 의미를 가집니다. 현재 운영 중인 사업의 문제점을 찾아내고, 효과적인 전략을 수립하며, 성장 가능성을 명확히 파악할 수 있게 해주기 때문입니다.

특히 생존이익률의 변화는 사업의 생존력과 직결됩니다. 연간 손익계산서를 통해 이 중요 지표를 꾸준히 점검하면, 사업의 안정성과 성장성을 동시에 확보할 수 있습니다.

사업 무기로서의 연간 손익계산서

1년 치 손익계산서를 작성했다면 이제 내 사업을 이해하고 운영하는 데 강력한 무기를 손에 쥔 것입니다. 매출과 비용의 흐름, 생존이익률의 변동, 성수기와 비성수기 전략 등 모든 정보를 숫자로 확인할 수 있기 때문이죠. 연간 손익계산서를 통해 내 사업의 흐름을 정확히 읽고, 미래를 준비하세요. 누누이 강조했듯 숫자는 절대 거짓말을 하지 않습니다.

손익계산서는 진화한다

손익계산서는 단순히 매출과 비용을 기록하는 것이 아닙니다. 저는 월별 및 연간 손익계산서를 작성할 때마다 가게의 현재 상태에 맞게 조금씩 발전시키고 있습니다. 예를 들어 이번에는 목표 매출을 추가해 실제 매출과 비교할 수 있게, 또 이익률과 목표이익률을 명시해 운영 상태를 바로 파악할 수 있게 했죠.

사장님도 자신의 가게 상황에 맞게 손익계산서를 수정해보시기 바랍니다. 손익계산서는 어제까지의 가게 상태를 파악해 미래의 가게를 더 좋게 만들기 위한 것이라는 점을 잊지 마세요.

지금 현금 얼마나 있어? 현금흐름표 만들기

현금흐름표는 사업의 실제 현금 이동을 보여주는 중요 도구입니다. 장사는 현금이 없으면 망하잖아요. 생존을 위해서는 무엇보다 현금이 잘 들어오고 있는지, 들어오는 현금보다 나가는 현금이 많아서 마이너스 상태인 건 아닌지 감시해야 합니다.

매출현황표와 비용현황표는 매출과 비용이 발생한 시점을 기준으로 기록하지만, 현금흐름표는 현금이 들어오고 나가는 시점을 기준으로 작성합니다. 이를 회계에서는 '현금주의'라고 합니다. 돈이 실제로 들어와야 벌었다고 하고, 실제로 나가야 썼다고 보는 것이죠. 우리가 흔히 쓰는 가계부와 비슷한 방식입니다.

예를 들어 10일에 카드결제로 재료를 주문했다면 현금흐름표에는 이것을 어떻게 기록해야 할까요? 결제는 10일에 했지만 그 결제금액이 통장에서 빠져나가는 날에 기록하면 됩니다. 카드결

날짜	수입 – 지출 (a – b)	수입(a)		지출(b)							
		**은행	합계	재료비	인건비	4대보험	소득주민세	매장임차료	관리비	대출원금	합계
5월 1일	912,000	912,000	912,000								0
5월 2일	850,000	850,000	850,000							400,000	400,000
5월 3일	−1,830,000	756,000	756,000	2,586,000							2,586,000
5월 4일	1,010,000	1,010,000	1,010,000								0
5월 5일	−2,542,000	658,000	658,000					2,400,000	800,000		3,200,000
현금증감액	−2,000,000										
월초 현금	3,000,000										
월말 현금	1,000,000										

제대금 청구일이 25일이라면 25일에 빠져나가겠죠. 그러니 비용현황표에는 10일자의 지출현황에, 카드결제대금이 빠져나가는 25일에는 현금흐름표의 지출현황에 해당 재료비를 기록하면 되는 겁니다.

현금흐름표: 수입과 지출의 균형 맞추기

현금흐름표의 왼쪽에는 현금이 들어온 수입을 기록합니다. 수입통장은 반드시 하나로 통합 관리해야 현금 수입의 흐름을 명확히 파악할 수 있습니다. 여러 통장을 사용하면 수입이 얼마나 되는지 헷갈리기 쉽거든요. 매일 수입통장에 입금된 현금을 기록하면 실시간으로 수입 현금 잔액을 확인할 수 있습니다.

들어오는 현금이 있다면 나가는 현금도 있겠죠? 지출 항목은 비용현황표의 계정과 유사하게 구성되지만 차이가 있습니다. 현금이 실제로 나간 항목만 기록하며, 현금지출이 없는 항목은 제외한다는 게 그것입니다. 예를 들어 감가상각비는 현금지출 없이 회계상 비용으로 처리되는 항목이라 현금흐름표에는 포함되지 않습니다.

지출을 체계적으로 관리하기

비용통장도 하나로 관리하세요. 모든 현금지출은 수익통장에서 비용통장으로 이체한 뒤 처리합니다. 이렇게 하면 비용통장 잔액은 항상 0원이 되고, 돈의 흐름도 명확히 알 수 있습니다. 예를 들어 카드결제대금이나 재료비 외상대금은 정산일에 수익통장에서 비용통장으로 이체한 후 지출 처리합니다.

특히 주의할 것은 카드결제대금입니다. 개인용 카드와 사업용 카드를 구분하지 않고 사용하면 카드결제대금 모두를 현금지출로 기록하게 되어 실제 사업지출이 왜곡될 수 있습니다. 반드시 사업용으로 결제한 금액만 기록해야 정확한 현금흐름을 파악할 수 있으니, 꼭 개인용 카드와 사업용 카드를 구분해서 사용하세요.

현금흐름표에만 기록되는 항목들

현금흐름표에는 손익계산서 비용현황표에 포함되지 않는 항목도 기록해야 합니다. 대표적인 것으로 부가세, 종합소득세, 대출원금 상환액 그리고 설비투자비가 있습니다.

- 부가세는 매출에서 발생한 세금으로, 실제로는 국가에 납부해야 할 부채입니다. 손익에는 포함되지 않지만 현금흐름에

는 큰 영향을 미칩니다. 개인사업자의 경우 1년에 두 번, 7월 과 1월에 부과세를 납부하므로 해당 월의 납부액을 현금흐름 표에 기록합니다.

- 대출원금 상환액도 부채를 줄이는 항목으로, 손익계산서에 나타나지 않지만 현금흐름표에는 반드시 기록해야 합니다.
- 설비투자비는 인테리어나 설비를 구입했을 때 기록합니다. 이 금액은 이후 감가상각비로 나누어 비용현황표에 반영해야 합니다. 예를 들어 240만 원짜리 컴퓨터를 구입했다면 현금 흐름표에는 240만 원을 설비투자비로 기록하고 비용현황표 에는 매달 4만 원씩 감가상각비(내용연수 60개월 계산)로 반영 합니다.

현금흐름표로 미래를 예측하라

현금흐름표를 잘 활용하면 자금운용표로 사용할 수 있습니다. 만약 10일에 나가는 임차료가 있는 경우라면 1일부터 9일까지 현 금 수입이 충분한지를 확인할 수 있죠. 이렇게 하면 현금이 부족한 상황의 발생을 사전에 막을 수 있습니다. 결제일이 확정된 금액을 미리 기록해두는 습관을 들이세요. 이를 통해 현금흐름을 예측하 고, 지출 계획을 세울 수 있습니다.

현금증감액: 사업의 건강 상태를 진단하다

현금흐름표의 하단에는 총현금수입에서 총현금지출을 뺀 현금증감액이 계산됩니다. 예를 들어 현금증감액이 –200만 원이라면, 한 달 동안 지출이 수입보다 200만 원 많았다는 뜻입니다.

이런 경우에는 어떤 지출 항목이 문제인지 철저히 분석해야 합니다. 현금증감액이 지속적으로 마이너스라면 사업이 위기 상태에 있다는 뜻이고, 이런 상황이 반복되면 생존이 어려워집니다.

월초와 월말 현금잔액

현금흐름표의 월말 현금잔액란에는 월초 현금잔액과 현금증감액을 더한 값을 계산해 넣습니다. 가령 이번 달 초의 현금잔액이 300만 원이고 현금증감액이 150만 원이라면 월말 현금잔액은 450만 원이 되겠죠. 만약 반대로 현금증감액이 –200만 원이라면 월말 현금잔액은 100만 원으로 줄어들 테고요. 이를 통해 사업의 실제 현금 상태를 명확히 파악할 수 있습니다.

현금흐름표는 단순한 기록이 아니라 사업의 혈액 순환을 보여주는 중요한 도구입니다. 매일 정리해 현금흐름을 분석하고, 이를 통해 사업 생존력을 강화하세요. 현금이 끊기지 않는 한, 사업은 절대 무너지지 않습니다.

6장

매출은 키우고 비용은 줄이고! 이익을 쭉쭉 늘리는 비법

"당신에게 일어나는 일이 아니라
그것에 어떻게 반응하느냐가
중요하다."

- 에픽테토스 Epictetos

6 회계는 철학이다

사장님, 돈을 대하는 태도는 철학입니다. 철학이란 어떤 상황에서나 나를 지켜주는 기준과 원칙 같은 거죠. 그런데 회계는 돈을 다루는 철학의 기본입니다. 단순한 숫자의 기록과 계산이 아니라, 돈이 어디서 들어와 어디로 나가는지 이해하고, 그 흐름 속에서 가게를 더 나은 방향으로 운영하도록 돕는 길잡이입니다.

한 레스토랑은 이익을 조금이라도 늘리기 위해 스테이크의 고기 양을 줄이고 사이드 메뉴를 간소화했습니다. 고객들은 처음엔 눈치채지 못했지만, 시간이 지나면서 "예전만 못하다"는 반응이 늘어났죠. 그러자 단골손님들이 줄어들기 시작했고, 결국 매출은 하락세를 그리게 되었습니다.

반대로 한 작은 일식당은 경기 침체 속에서도 눈앞의 이익을 포기하고 고객 만족을 위해 과감히 돈을 썼습니다. 대표적인 예가 '초밥의 품질 강화'였죠. 사장님은 "저렴한 재료로 원가를 절감하라"는 조언을 받기도 했지만, 사장님은 그와 반대로 신선한 고급 재료를 고집했습니다. "손님이 이곳을 떠올리면 '언제나 맛있는 초밥을 먹을 수 있는 곳'이 되고 싶다"는 사장님의 철학 때문이었죠.

또한 사장님은 인건비를 줄이기는커녕 오히려 직원 교육에 투자했습니다. 직원들에게 접객의 중요성을 가르치고, 단골손님들의 이름과 취향을 기억하게 했습니다. "이 초밥은 지난번에 좋아하셨던 그 맛으로 준비했어요"와 같은 세심한 서비스는 고객들에게 깊은 인상을 남겼습니다.

이러한 노력의 결과 손님들은 하나둘씩 단골이 되었고, 가게는 '맛과 서비스가 특별한 곳'이라는 입소문을 타며 매출이 꾸준히 증가했습니다. 단기적으로는 비용이 늘어났지만 장기적으로 고객 충성도가 높아지면서 안정적 매출을 확보할 수 있었던 거죠.

올바르게 돈을 대하는 철학은 매출에 대한 단기적 욕심을 버리고 지속 가능한 가게 운영을 목표로 삼게 만듭니다. 매출이 늘어도 무리하게 비용을 지출하면 이익은 줄어들고 가게의 생명력 또한 짧아질 수밖에 없죠. 반대로 매출이 적더라도 돈을 현명하게 관리하면 안정적으로 운영을 이어갈 수 있습니다.

회계는 "돈을 어떻게 쓰고, 어떻게 벌 것인가"를 스스로에게 묻는 과정입니다. 이를 통해 사장님은 돈과의 관계를 맺고, 그 관계를 더 건강하게 만들 수 있습니다.

01
사장님 입장이 아닌
고객 입장에서 생각한다면?

　손님은 종종 대단한 서비스보다 사소한 배려에서 감동을 느낍니다. 일본의 유명 외식업 전문가 우노 다카시宇野隆史는 그의 책《장사의 신トマトが切れれば,メシ屋はできる 栓が拔ければ,飮み屋ができる》에서 이를 강조하며, 손님을 대할 때 가장 중요한 두 가지 행동을 제시합니다.

　첫째, 손님이 가게에 들어올 때면 그 모습을 똑바로 보며 진심으로 인사하는 것입니다. 이때 중요한 것은 단순히 "어서 오세요"라는 말이 아니라, 따뜻한 눈빛과 미소로 손님의 존재를 환영하는 태도입니다.

　둘째, 손님이 가게를 떠날 때면 문까지 따라 나가 감사 인사를 전하는 것입니다. 이때의 진심 어린 한마디는 고객의 마음속에 잔잔한 여운을 남기고, 이를 통해 다시 방문하고 싶은 가게로 기억된다고 우노 다카시는 강조합니다.

비가 오는 날에는 가게를 떠나는 손님들에게 "우산 잘 챙기셨어요?"라고 물어보거나, 더운 날씨에는 "밖이 덥죠? 조심히 가세요!" 같은 한마디를 건네는 작은 배려가 고객의 마음을 움직입니다. 우노 다카시에 따르면 이런 순간들이 단순한 인사 이상의 의미를 가지며, 고객과 가게 사이의 진정한 관계를 형성한다고 말합니다.

이처럼 고객과 친구처럼 대화하고 진심으로 대하는 것이야말로 고객 충성도를 높이는 가장 강력한 방법입니다. 우노 다카시의 말처럼 "작은 배려로 마지막까지 마음에 여운을 남기면, 손님은 반드시 다시 찾아오게" 되니까요.

고객을 중심으로 운영되는 매장은 매출이 오를 수밖에 없습니다. 지금부터는 가게 운영과 관련해 저를 비롯한 여러 사장님들의 실제 경험담을 들려드리려고 합니다. 고객 중심의 경영으로 매출을 올리는 방법으로는 어떤 것들이 있는지 함께 배워보죠.

02
신규 고객 불러 모으자! 매장 회유성 높이기

제가 운영 중인 가게는 건물 지하 2층의 서점 안에 있습니다. 공간은 크지 않지만, 서점을 돌아다니는 고객들이 우리 가게에 들어오도록 만드는 것이 중요하죠. 이것을 '회유성回遊性'이라고 부릅니다. 우리 가게가 들어오기 전에는 과일주스 가게가 있었는데, 매장 자리를 알아보러 갔을 때 보니 그 앞을 아무도 지나가질 않더군요. 매장을 지키고 있는 사람은 핸드폰을 하기 바빴고요. 알고 보니 가게 앞의 길은 서점 고객들이 지나가는 길이 아니더군요. 그래서 서점만 둘러볼 뿐 가게 근처에는 오지도 않는 경우가 많았죠.

매장 회유성을 높여 신규고객 유입

저는 회유성을 높이기 위해 매장 입구를 활용했습니다. 신메뉴를 출시할 때 매장 입구를 관련 정보들로 도배했죠. 예를 들어 딸

▶ 무민 마스코트로 메시지 전달
▶ 신메뉴 출시 때는 매장 입구에 일관성 있게 도배
▶ 타매장 방문 시 회유성 도구 활용해서 적용
▶ 회유성을 높이기 위해 고객 공부, 마케팅 공부

기 요거트를 새로 내놓았을 때 입구를 딸기 사진으로 도배하고 배너와 스탠드도 배치해 고객이 지나가다 자연스레 관심을 가지게 만들었습니다.

"아, 여기 딸기 요거트를 파는구나! 가격이 괜찮네. 메뉴도 다양하고."

이렇게 한눈에 확인할 수 있는 정보를 제공하는 것이 핵심입니다.

매장을 운영하는 사장님이라면 매장 내부가 외부에서도 한눈에 보이도록 해야 합니다. 내부에서 어떤 상품을 판매하는지 알 수 없는 로드숍은 고객을 끌어들이기 어렵습니다.

또한 배너나 디스플레이는 정기적으로 바꿔주는 것이 좋습니다. 1년 내내 똑같은 배너를 유지하면 고객 입장에서는 매장이 예측 가능해 지루한 곳이라는 이미지를 가질 수 있습니다. 자칫하면 게으르다는 느낌까지 줘서 제품에 대한 신뢰도를 떨어뜨릴 수 있으니 어느 정도 시간이 지난 배너는 꼭 바꿔주세요.

초기에는 매장 앞에 무민 인형을 두고 이를 활용해 고객과 소통했습니다. 무민 인형이 들고 있는 보드판에는 오글거리는 멘트, 신메뉴 소개, 혹은 고객을 부르는 메시지를 적었죠. 평창 동계올림픽 때는 김영미 선수와 이름이 같은 고객에게 무료 메뉴를 제공하는 '영미 이벤트'로 화제를 모았습니다. 기자 한 분이 온라인에 사진을 올리면서 사람들에게 알려졌고, 실제로 찾아온 '영미' 고객님은 세 분뿐이었지만 이 이벤트는 매출 상승에 꽤 큰 기여를 했습니다.

현재는 매장 입구 쪽에 모니터를 설치해 우리 가게의 메뉴 사진과 고객 리뷰가 계속 노출되게끔 해두었습니다. 또 옆 가게가 식당이라 웨이팅이 생기면 웨이팅 분들을 대상으로 시식 이벤트도 하고 있죠. 그곳에서의 식사를 마친 뒤 저희 가게에 오시라는 의미로요.

회유성을 높이고 싶다면 사람들이 줄 서는 가게나 몰을 직접 방문하세요. 그곳에서 고객의 시선과 동선을 관찰하고, 무엇이 그들의 발걸음을 끌었는지 분석한 뒤 매장에 적용해보세요.

사장님 생존 라이브: '대디스바베큐' 우상희 사장님

경기도 양평 산중턱에 위치한 '대디스바베큐'는 유동인구 0명인 산골짜기에서 월매출 2억 8000만 원을 버는 인기가게입니다. 우상희 사장님은 진심 어린 서비스와 이벤트로 성공을 이끌어왔습니다.

Q 어떤 마케팅을 해야 고객들이 매장에 쏟아져 들어올까요?

A 마케팅 이전에 가장 중요한 것은 내 타깃 고객을 정확히 이해하고, 그들에게 진짜 가치 있는 제품을 만들어 제공하는 것입니다. 동네 장사에서는 가성비가 가장 중요하고, 오피스 상권에서는 직장인들이 선호하는 메뉴와 빠른 서비스가 핵심이 됩니다. 대디스바베큐에는 나들이 고객이 많아서 단순한 식사를 넘어 특별한 경험을 제공하려고 노력했습니다. 커다란 항아리에 바비큐를 담아 내가고 어떻게 하면 고기를 더 맛있게 먹을 수 있는지 설명해드리죠. 또 식사 후에는 야외에 마련된 장작불에서 마시멜

로를 직접 구워 먹을 수 있게 했습니다. 대디스바베큐는 산속에 있어 오프라인에서는 고객들의 눈에 띄지 않지만, 온라인 마케팅을 통해 전국에서 고객이 찾아오도록 만들었습니다.

고객들이 자주 사용하는 온라인 SNS 플랫폼(네이버, 인스타그램, 유튜브 등)을 분석해 우리 가게가 꾸준히 노출되게 하는 데도 신경을 썼어요. 메뉴도 사진과 영상으로 봤을 때 매력적일 수 있게끔 만들었고요. 고객의 눈에 띄고 상품의 매력을 충분히 전달하면 그것이 곧 매출로 연결됩니다. 고객을 이해하고 그들에 딱 맞는 제품을 만들어 이를 널리 알리세요.

03
다시 방문하고 싶게 만들자!
고객 관리의 중요성

저는 매장을 막 열었던 초기에 운영 철학을 하나 세웠습니다. 고객이 우리 매장에 처음 들어오는 용기를 내준 것에 감사하자는 것이었죠. 그리고 그렇게 처음 온 고객이 다음번에도 우리 매장을 기억하고 찾아주기를, 다시 말해 기꺼이 재방문을 하고 싶게끔 만들어야겠다는 생각을 했어요. 이것이 제 고객 관리 방법의 시작점이었습니다.

고객 관리로 재방문 늘리기

재방문을 유도하기 위해 단순한 쿠폰 대신 방문 시마다 도장을 찍을 수 있는 쿠폰북을 만들었습니다. 그리고 도장 수가 120개를 넘은 고객들은 '명예의 전당'에 올려 추가 혜택을 제공했죠. 우리 매장의 로고가 새겨진 모자를 제작해 선물로 드린 겁니다.

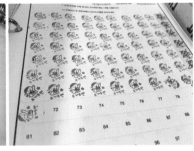

▶ 현재까지 모은 쿠폰북은 총 열두 권
▶ 도장 수 열 개를 모은 고객은 무료 이용, 이때 가장 비싼 것을 주문하도록 유도
▶ 도장 수 120개를 모은 고객은 '명예의 전당'에 등극
▶ 재방문 고객의 매출은 36~40%
▶ 메뉴별 이익률은 정확히 파악하고 있어야 함

그런데 고객이 많아지니 쿠폰북만으로 관리하기가 어려워지더
군요. 오프라인의 쿠폰북이 주는 특별함은 분명 있지만, 관리의 효
율성을 위해 디지털 쿠폰 멤버십을 도입하기로 결정했습니다.

디지털 쿠폰 멤버십의 장점은 일일 보고서를 뽑을 수 있다는 것
입니다. 지금은 포스기 기능이 좋아져서 키오스크 자체에서도 쉽
게 뽑을 수 있습니다.

저는 일일 보고서를 통해 고객의 재방문율이 가장 높은 요일을
파악하고, 해당 요일에는 이익률이 높은 메뉴 중심으로 이벤트를
진행하거나 시식 서비스를 제공합니다. 이벤트는 고객에게 즐거
움을 줄 뿐만 아니라 사전에 메뉴별 이익률을 정확히 분석해 활용
할 수 있게 해주기 때문에 매우 유용합니다. 이렇듯 최소 비용으로
최대 효과를 낼 방법을 찾아보는 것이 중요합니다.

사장님 생존 라이브: '대팔이네' 이대현 사장님

이대현 사장님은 '대팔이네'라는 돼지곱창 전문점을 운영하고 있습니다. 곱창집임에도 내부가 깨끗해 젊은 고객들, 특히 20~30대 여성들이 많이 찾는 맛집으로 소문났습니다. 이대현 사장님은 현재 투자금을 회수하여 두 번째 가게인 '이상관숯불갈비'를 오픈했습니다.

Q 고객만족을 위해서 무엇을 하셨나요?

A 저는 장사를 시작한 뒤 늘 고객의 마음을 엿보고 싶었습니다.

처음 돼지곱창집 '대팔이네'를 시작할 때는 곱창의 잡내가 심했고 소스 맛도 일정하지 않았어요. 누구한테 배우지도 않고 그냥 저렴한 가격만 믿고 시작했거든요. 하지만 맛이 없으니 장사가 잘 안 되었죠. 그래서 몇 달 동안 식재료와 조리법을 끊임없이 연구했어요.

문제는 손님들에게서 솔직한 피드백을 받는 게 너무 어려웠다는 거예요. 손님들의 "맛있어요"라는 말만 듣고서는 진짜 문제를 찾을 수 없었어요.

그래서 저는 고객만족도 조사를 시작했습니다. 매달 커피 쿠폰을 보내드리고, 그 대신 매장과 맛에 대한 솔직한 피드백을 받았어요. 이 덕분에 맛뿐만 아니라 인테리어, 서비스까지 많이 개선할 수 있었습니다.

거기서 한 발 더 나아가, 손님들의 마음을 더 잘 들을 수 있는 방법을 찾다가 화장실에서 힌트를 얻었어요. 누군가 화장실 벽에 낙서한 걸 보고 화이트보드를 설치했죠. 화장실은 개인적인 공간이다 보니 손님들도 솔직한 이야기를 많이 남겨주시더라고요. 개인적 일상부터 매장에서 개선이 필요한 부분, 심지어 진짜 낙서까지 정말 다양하게요.

장사를 하면서 방향을 잃었다고 느껴질 때면 고객에게 물어보세요. 그들이 정확한 답을 알려줄 겁니다.

04

매장만으로 부족해!
식권과 배달 매출로 회전율 높이기

매장 월세와 인건비는 손님이 없어도 꾸준히 나갑니다. 그러니 손님이 찾아오지 않는다면 매출을 올릴 다른 방법, 즉 배달 등을 활용해야 합니다. 저희 매장은 크기가 작고 일하는 직원도 많지 않아 직접 배달이 어렵습니다. 그래서 배달의민족과 쿠팡이츠, 땡겨요, 요기요 같은 대행업체를 이용해 매출의 40%를 배달로 채우는 것을 목표로 하고 있죠.

배달로 회전율 높이고 식권 서비스 활용하기

현재 저희 가게는 매장 매출이 80%, 배달 매출이 20%로 목표에 못 미치지만, 배달앱에서 제공하는 이벤트나 무료 배달 쿠폰 같은 전략을 활용하며 성장 가능성을 높이고 있습니다. 특히 배달앱에서는 마케팅에 도움이 되는 데이터를 제공해주니 적극 활용하

- ▶ 배달 대행 업체(배달의민족, 쿠팡이츠 등) 이용
- ▶ 5분 내 배달이 가능하도록 배달 지역 좁히기
- ▶ 배달 고객들을 분석해 고객층을 좁히고 방문영업 및 이벤트 진행
- ▶ 매장 매출은 60%, 배달 매출은 40% 목표

고 있어요.

자신의 가게에서 취급하는 메뉴들이 배달 가능한 것들인지 미리 고민하고, 배달 대행업체와 협업해 작은 매장의 한계를 극복해보세요. 가게를 열기 전부터 배달 시스템을 고려하면 훨씬 유리합니다.

가게가 오피스상권에 위치하고 있다면 주변 기업의 식권 서비스 사용 여부를 확인합니다. 기업에서 복지로 제공하는 식사비를 식신, 식권대장, 페이코 등의 포인트로 사용하는 겁니다. 자신의 돈이 아닌 회사 돈이니 직원들은 편하게 씁니다. 이런 식권 서비스는 배달과 다르게 수수료도 3% 미만으로 적기 때문에, 식권 서비스의 사용이 가능한 상권이라면 이 고객들을 충성고객으로 만들어야 합니다.

우리 가게 고객들 중에는 식권을 통해 선결제를 하시는 분들이 많았습니다. 선결제를 하면 제품을 구매하지 않았어도 우리 가게에는 매출이 발생하고 현금이 선입금되기 때문에 현금흐름에 무척 좋습니다. 이럴 때 식권으로 선결제하는 고객들 대상으로 1~5% 플러스 적립 이벤트 같은 것을 열어 선결제를 유도할 수도 있겠죠.

사장님 생존 라이브: '제일면옥' 서재일 사장님

'제일면옥'의 서재일 사장님은 치열한 배달 시장에서 다브랜드 전략을 활용, 월평균매출 2억 원을 훌쩍 넘기는 가게를 성공적으로 운영하고 있습니다.

Q 배달 매출을 늘리려면 어떻게 해야 하나요?

A 고객과의 유일한 접점인 댓글과 리뷰의 관리가 핵심입니다. 리뷰를 활용해 홍보 효과를 극대화하고, 참여형 이벤트를 통해 긍정적 리뷰가 쌓이도록 유도하세요. 저는 아무리 바빠도 고객이 남긴 리뷰들을 모두 읽고 직접 댓글을 작성하고 있습니다. 고객 요청사항에 세심히 대응하고, 메시지를 남긴 고객에게는 영수증에 손편지를 써서 친밀감을 더하는 것도 좋습니다.

또한 음식 퀄리티 유지를 위해 포장 테스트를 진행해보세요. 음식이 배달 중에 또는 냉장 보관 후에 어떻게 변화하는지 꼼꼼히 확인해 퀄리티를 조절하는 것이 중요합니다.

저희 매장은 고객이 믿고 주문할 수 있게끔 하기 위해 식약처 인증 위생 등급에서 '매우 우수'를 받았습니다. 배달 전문점에서는 매우 드문 사례라 할 수 있죠.

05

고객을 사로잡는 매장 운영과
돈 버는 가격 전략

"또 그냥 가네?"

개업 초기, 우리 매장 입구에 위치한 키오스크 앞을 보면 주문을 하려다가 말고 그냥 가는 고객분들이 많았습니다.

이럴 때 매장 안에만 있으면 그 이유를 절대 모르겠죠. 왜 고객이 매장에 들어오지 않는지, 왜 키오스크 앞에서 머뭇거리다가 그냥 가는지 이유를 알아내야 합니다. 이유를 알고 해결한다면 그분들은 매장에 들어와서 매출을 올려줄 테니까요.

그래서 매장에서 나와 고객 옆에 서서 가만히 관찰해보니, 무엇을 어떻게 주문해야 할지 몰라 고민하다가 그냥 가시는 거였습니다. 용량이 어느 정도인지, 모양은 어떤지 등을 모르니 선택을 하지 못하는 거였죠.

저는 즉각 해결책을 마련했습니다. 초간단 주문법을 작성해 키오스크와 포스 단말기 옆에 놓아 두었고, 용량 크기도 직접 눈으로 확인할 수 있게 모형으로 만들어 고객들 눈높이에 맞게 배치했죠. 이렇게 했더니 키오스크 앞에서 방황하시는 분들이 많이 줄었습니다.

이런 작은 변화는 큰 매출로 이어질 수 있습니다. 고객이 느끼는 불편함을 관찰하고, 개선점을 찾으세요. 우리 가게만 보지 말고 다른 가게를 방문할 때 입구 사진을 찍어보고, 다른 가게 손님들은 주문을 어떻게 하는지 살펴 각각의 장단점을 휴대폰 메모에 간단히 정리해보는 것도 좋습니다.

가격 할인은 노노노! 가격 인상은 예스예스예스!

할인 행사를 남발하면 고객들은 할인 시기에만 몰리게 되고, 이는 결국 이익률을 감소시킵니다. 세계 1위의 컨설팅 업체인 맥킨지앤드컴퍼니McKinsey & Company의 연구에 따르면, 가격을 1% 할인할 때 영업이익은 평균 8%가 감소한다고 합니다. 이익률 높은 메뉴들에 대해 요일별 할인 이벤트를 한정적으로 진행하는 것은 괜찮지만, 모든 메뉴에 항상 할인 이벤트를 여는 것에 대해선 신중해져야 하는 이유입니다.

가격을 올릴 때는 해당 메뉴나 서비스의 품질에 변화를 줘야 합니다. 그래야만 고객들이 가격 인상의 이유를 기꺼이 납득할 수 있으니까요. 중요한 것은 가격 그 자체가 아니라, 고객이 우리 상품이나 서비스에 대해 인식하는 가치입니다. 프로모션은 단순히 가격을 깎아주거나 무언가를 더 주는 것이 아니라, 고객이 느끼는 가치를 어떻게 더 높일 것인가에 초점이 맞춰져야 합니다.

가격은 가치 아래에서 움직이기 때문에, 가치를 높이면 가격 인상에 대한 저항을 낮출 수 있습니다. 이때의 가치에는 음식의 맛이나 제품 혹은 서비스의 질, 포장이나 이벤트가 해당되겠죠. 온라인 매장이라면 매력적인 상세페이지, SNS를 통한 고객과의 소통, 고객 응대 등이 되겠습니다.

재고관리, 구매 비용 절감, 인건비 최적화 그리고 신중한 가격 전략. 이 네 가지가 효과적으로 이루어지면 매출은 유지하면서도 이익을 극대화할 수 있습니다. 장사의 목표는 단순히 매출을 올리는 데 그치지 않고 지출을 효율적으로 관리해 최대한의 결과를 얻는 데 있습니다. 사소한 부분까지 세심하게 관리하면, 이익은 자연히 따라올 것입니다.

06

매출보다 효과적인
비용 절약

매출 늘리기보다 효과적인 구매비용 절약하기

'홍콩반점0410'은 3500원짜리 짬뽕으로 유명세를 얻었습니다. 가격이 저렴함에도 돼지고기와 오징어 같은 좋은 재료를 사용했죠. 이는 불필요한 비용을 줄인 덕에 가능했습니다.

저희 매장에서 가장 인기 있는 메뉴의 주재료는 딸기입니다. 처음에는 마트나 농수산물시장에서 딸기를 구입했는데, 가격이 너무 비싸 생존이익률이 낮아지더군요.

그래서 저는 저희와 거래할 만한 딸기 농장을 직접 찾아 나섰고, 무농약 딸기를 재배하는 어느 노부부를 만날 수 있었습니다. 그분들과의 직접거래를 통해 이전보다 낮은 값으로 딸기를 구매하면서 원가를 낮추는 데 성공했죠. 딸기의 품질이 더 좋아지니 매장을 찾는 고객들도 늘어났고, "이 집 딸기 맛이 최고!"라는 소문까

▶ 인건비 관리보다는 원재료값을 절감하는 편이 더 효과적임
▶ 대량구매와 직구매 루트, 이익이 많이 남는 대체 메뉴 개발하기
▶ 동일 재료로 여러 메뉴를 만들면 원재료의 대량구매가 가능해짐
▶ 원가 절감으로 고객이 불만을 느낀다면 문제가 있는 것임

지 퍼졌습니다. 종합해보면 원가는 낮아졌는데 매출은 상승한 좋은 결과로 이어졌죠.

딸기 외 과일들의 경우, 초기의 구입처는 대형 마트였지만 점차 청량리과일도매시장으로 바꿔나갔습니다. 지출증빙도 가능한 데다 신선한 과일을 저렴하게 구입할 수 있었기 때문입니다.

재료로 사용하는 과일청도 처음에는 시제품을 썼지만, 매니저의 제안으로 수제청을 만들어 사용하기 시작했습니다. 만드는 수고가 들긴 하지만, 제조비용을 비교해보니 시제품을 사는 경우보다 저렴하더군요. 게다가 맛도 나아져 고객 만족도가 올라갔고, 그에 따라 가격도 높일 수 있어 매출과 이익이 동반 상승했습니다.

덤으로 우리 가게의 시그니처 메뉴도 하나 얻었습니다. 여러 과일청을 다양하게 만들었는데, 그중 귤청이 고객들의 인기를 한몸에 받은 거죠. 재료비를 고민하며 이 방법 저 방법을 시도하다가 우연히 얻어 걸린 행운이라고 해야겠죠?

잠자고 있는 현금 재고를 깨워라!

재고를 효과적으로 관리하는 것은 그저 비용 절감 차원의 일이 아닌, 가게의 생존과 직결되는 문제입니다. 인기 많은 식당일수록 재료가 신선한 이유는 그만큼 재료 회전율이 높기 때문입니다. 〈백종원의 골목식당〉이라는 TV 프로그램에서 어느 도시의 청년 푸드코트가 소개된 적이 있는데, 그중 한 버거집은 유통기한 지난 빵과 오래된 고기로 버거를 만들어 문제가 되었습니다. 재고가 쌓이다 보니 오래된 재료를 그대로 사용한 케이스였죠.

재고는 '잠자고 있는 돈'과 같습니다. 매장의 회전율이 적절히 유지되지 않으면 그 돈은 깨어나지 못한 채 있다가 사라져버리죠. 그러니 전체 메뉴를 간소화하고, 주문이 많으며 이익률은 높은 핵심 메뉴 중심으로 운영해보세요. 현재 갖고 있는 재료를 활용해 새로운 메뉴를 개발하는 것도 좋은 방법입니다. 물론 가장 중요한 것은 '재료는 필요한 만큼만 구입하고, 매출의 흐름을 보며 재고를 적정 수준으로 유지하는 것'입니다.

사장님 생존 라이브: '끄트머리집' 윤혁진 사장님

《나는 빚내지 않고 3천만 원으로 장사를 시작했습니다》의 저자이기도 한 윤혁진 사장님은 재미와 젊음을 파는 신개념 브랜드 '잼잼칩스'를 시작으로 외식업에 뛰어들었습니다. 지금은 왕십리 작은골목의 끄트머리에서 '끄트머리집'을 운영 중이고, 이제 막 장사를 시작하는 사장님들의 멘토로도 활발하게 활동하고 있습니다.

Q 비용은 줄이고 이익은 늘리는 재고관리 팁을 알려주세요.

A 저는 손품을 열심히 팝니다. 많은 식당이 한두 곳의 식자재 납품업체에 의존하지만, 공산품은 인터넷에서 최저가를 비교해 사는 것이 택배비를 포함해도 훨씬 저렴한 경우가 많습니다. 하나하나 찾아보는 게 번거로울 수는 있겠지만 1%의 비용 절감은 곧 1%의 이익 증가로 이어지니, 구매처를 많이 확보해 재료비를 줄이려는 노력이 중요합니다.

또한 유통기한이 길고 부피가 크지 않은 공산품은 세일 기간에 미리 재고를 확보해두는 것도 좋은 방법입니다. 1년간 식자재 가격 변동 추이를 기록해두면 명절 시즌이나 장마철 같은 가격 인상 시기를 예측할 수 있고, 이를 바탕으로 재고량을 조절해 비용을 효과적으로 줄일 수 있습니다.

07
인건비 절감,
매뉴얼에 답이 있다

"아, 또 그만뒀네…."

사장님들의 가장 큰 스트레스는 직원 관리입니다. 너무 쉽게 그만두는 직원들 때문에 섭섭하기도 하지만, 무엇보다 교육만 받다 그만두면 가게 입장에서는 손실이 크기 때문입니다. 교육 기간 동안 수익 기여는 없고 사장님이나 매니저가 교육하는 시간, 교육받는 직원의 급여까지 모두 비용에 해당하니까요. 이것이 매뉴얼이 필요한 이유입니다.

매뉴얼로 서비스는 업, 인건비는 다운

효율적인 인건비 관리는 매뉴얼에서 시작합니다. 매뉴얼이 있으면 직원 교육 시간이 단축되고, 업무가 표준화됩니다. 신규 직원도 빠르게 적응할 수 있죠. 매뉴얼은 그것만 갖고도 교육이 가능하

요거트맨 종로서적점 성공매뉴얼

1. 요거트맨 종로서적점 스피릿

우리가 생각하는 요거트맨 종로서적점은...
· 요거트맨은 **건강과 에너지**를 전달하는 곳이다.
· 요거트맨은 방문하는 모든 이에게 건강과 에너지를 전달하는 곳이다.

---

2. 대원 서비스 마인드와 행동원칙

우리의 목표

서비스의 기준과 행동원칙

우리가 생각하는 최고의 성과

▶ 매뉴얼로 일관성 있는 서비스 제공(사장이 생각하는 철학)
▶ 직원 교육기간이 획기적으로 감소(늘어날수록 비용 증가)

게, 또 교육받은 직원들이 곧바로 일할 수 있도록 만들어야 합니다.

직원에게 돈을 많이 준다고 해서 그만두지 않는 건 아니더라고요. 돈은 좋은 동기부여 도구 같지만, 사실 사람의 동기를 떨어뜨릴 수도 있습니다. 한 예로 제 직원 중 하나가 우리 가게 인스타그램 관리를 자청하길래 맡겨보니 재미있게 운영하더군요. 그런데 막상 그 직원에게 운영비를 지급하기 시작하자 부담을 느끼고 그만두었습니다.

대신 게릴라 인센티브를 활용하세요. 6개월마다 자기계발비를 현금으로 지급하거나, 휴가를 떠나는 직원에게 용돈을 주는 식으

로 말이죠. 저는 직원이 어깨가 아프다고 하면 마사지 가게의 기프티콘을 보내주기도 합니다. 이러한 사소한 배려가 감동을 주고, 직원들을 가게의 열렬한 팬으로 만듭니다. 한 달에 한 번은 식사를 함께하며 직원들의 고민을 듣고, 필요한 도움을 제공하는 것도 좋은 방법입니다.

08

매장운영비 보물찾기!
정부지원사업

최저임금 인상으로 인건비가 부담스러우신가요? 하지만 인건비를 줄이는 방법은 최저임금을 낮추는 데서 나오지 않습니다. 예를 들어 정부의 일자리안정자금과 사회보험료 지원을 활용해보세요. 특히 상시근로자 5인 미만 사업장이라면 더욱 다양한 지원 혜택을 받을 수 있습니다.

- 일자리안정자금 & 사회보험료 지원: 근로자의 수나 사업장 크기에 따라 다양한 혜택을 받을 수 있습니다.
- 고용보험 & 국민연금 지원제도: 일정 요건을 충족하면 사업장에서 부담하는 4대보험료를 절감할 수 있습니다.
- 고용장려금 활용: 고령자, 청년, 장애인 등을 채용할 경우 정부의 추가 지원금을 받을 수 있습니다.

- 교육 및 컨설팅 지원: 정부에서는 외식업 사장님을 대상으로 세무, 노무, 마케팅 컨설팅을 지원하는 프로그램도 운영하고 있습니다.

또한 소상공인시장진흥공단 사이트(https://www.semas.or.kr)에서도 사장님에게 맞는 지원사업을 확인해볼 수 있습니다. 보물찾기를 하듯 적절한 지원사업을 찾아 매장운영비를 절감해보세요.

사장님 생존 라이브: '만경상회' 조용환 사장님

'만경상회'의 조용환 사장님은 정부지원사업에 적극 도전하면서 2021년부터 매년 700만 원 상당의 정부지원사업에 선정되었고, 그 결과 매장 운영비를 많이 절감할 수 있었습니다.

Q 정부지원사업을 적극 챙겨야 하는 이유는 무엇인가요?

A 정부지원사업은 자영업자들에게 어려운 시기를 극복하고 변화를 시작할 수 있는 마중물 역할을 합니다. 저도 코로나19 팬데믹 시기에 자영업 지원금을 받으며 정부의 다양한 지원 사업을 알게 되었고, 이를 통해 매장과 제 자신을 하나씩 개선해갈 수 있었습니다. 특히 인건비, 교육, 마케팅, 주방 개선 등 여러 분야에 대한 지원은 매장 운영비 절감과 사업 경쟁력 제고에 큰 도움이 됐지요.

자영업은 외로운 싸움처럼 느껴질 때가 많지만, 이런 지원을 통해 변화의

용기와 성취감을 얻을 수 있습니다. 사업 운영에 어려움을 느끼신다면 적극적으로 도전해보길 추천합니다.

09

현금이 불어나는
현금흐름 관리법

현금이 꾸준히 늘어나면 가게는 절대 망하지 않습니다. 사업의 생존력은 결국 현금에서 나옵니다.

'현금'과 '현금흐름'은 같은 말이 아닙니다. 현금은 사장님의 지갑 속 잔액이고, 현금흐름은 돈이 들어오고 나가는 과정을 뜻합니다.

현금흐름이 막히면 혈관이 막힌 동맥경화처럼 '돈맥경화'가 찾아옵니다. 이런 상황에서는 아무리 매출이 많아도 사업이 위험해질 수밖에 없습니다.

현금을 잘 관리하는 방법

개인용 통장과 사업용 통장 구분하기

"돈을 버는 건 같은데 돈이 없네."

현금이 부족하다는 사장님들의 공통점은 사업용 통장을 개인적으로도 사용한다는 점입니다. 사업용 통장의 돈을 사적으로 사용하고선 그걸 까맣게 잊고 돈이 없다고 하죠. 사업용 통장에 있는 현금을 전부 자기 돈이라 착각해 마구 써버리면 나중에 부가세 납부 시기에 필요한 현금을 마련할 수 없습니다.

사업용 통장과 개인용 통장은 반드시 구분하세요. 오래된 가게이거나 월매출이 억대여도 이걸 못 하는 사장님들이 정말 많습니다. 사업에서 발생한 진짜 수익과 지출을 정확히 파악할 수 있어야 현금흐름을 건강하게 유지할 수 있습니다.

사업용 통장 용도별로 구분하기

현금을 물 샐 틈 없이 관리하려면 통장을 다음과 같이 세 가지 용도로 나누세요.

- 수익통장: 모든 매출이 들어오는 통장입니다. 카드결제, 쇼핑몰 정산, 현금 매출 등에서 발생한 수익정산금 모두가 여기에 모이게끔 하세요.
- 비용통장: 모든 비용을 처리하는 통장입니다. 매입처 외상대금, 임차료, 인건비, 공과금 등을 이 통장에서 정산하세요. 수익통장에서 필요한 금액만 이체하고, 지출 후 통장 잔액은 항상 0원으로 유지하세요.
  사장님 인건비도 계산 후 비용통장을 거쳐 사장님 개인용 통장으로 따로 이체하세요. 영업이익과 인건비를 동일하게 보는 순간 사업이 위태로워집니다. 맨날 남는 돈 가져가는 것보다 월급 받는 느낌이 훨씬 좋을 거예요.

- 자본통장: 매달 말일 저녁, 수익통장에 남은 현금을 자본통장으로 전부 이체하세요. 이 통장은 한 달 동안 현금이 얼마나 남았는지 보여주는 지표입니다. 이익이 모이면 자본이 늘어난다고 했죠? 자본통장만 확인해도 사장님이 얼마나 자본을 늘렸는지 확인할 수 있습니다. 만약 수익통장으로 비용통장이 충당되지 않아 사장님 개인용 통장에 있는 현금으로 메꿔야 한다면 어디선가 돈이 새고 있다는 뜻이니 빨리 찾아내서 대처해야 합니다.

마이너스 통장은 수익통장으로 사용하지 않기

사업 초기 투자금으로 마이너스 통장을 사용하는 경우가 많습니다. 상황이 이해는 되지만 빨리 메꾸고 수익통장은 따로 둬야 합니다. 마이너스 통장을 수익통장처럼 쓰기 시작하면 사업의 실제 수익과 비용에 따른 현금흐름을 절대 파악할 수 없기 때문입니다. 생각과 다르게 마이너스 통장은 그 명칭처럼 마이너스일 가능성이 크고, 그에 따라 이자비용도 계속 늘어날 겁니다. 그러니 마이너스 통장은 별도로 두고, 정말 급할 때만 사용하셔야 합니다.

지출일을 한 달에 이틀로 제한하기

사업은 현금이 오래 머무를수록 더 안정적입니다. 임차료 납부

일이나 카드대금 결제일을 기준으로 사장님의 지출 날짜도 10일, 25일 등으로 정해보세요. 외상대금 정산일 역시 매입처와 협의해 한 달에 두 번 정도로 줄이면 현금이 더 오래 머물 수 있습니다. 그러니 지출을 수시로 하지 말고, 정해진 날에 몰아서 처리하세요.

부가세와 종합소득세 납부용 적금통장 만들기

앞서 '부가세 납부용 적금통장'을 만들면 좋다는 팁을 드린 바 있습니다. 부가세는 6개월마다 한 번씩 내는데, 6개월 치를 한꺼번에 현금으로 내야 하기 때문에 미리 준비해두지 않으면 부담이 클 수 있죠. 그러니 한 달 매출의 5%를 부가세 납부용 적금통장에 차곡차곡 불입하세요. 월매출이 1100만 원이라면 그 5%에 해당하는 55만 원을 6개월간 매달 붓고, 부가세 납부 시기가 오면 적금통장을 해지해 그 돈으로 납부하는 겁니다.

종합소득세 납부도 이와 비슷한 방식으로 준비하면 됩니다. 작년에 납부한 종합소득세가 얼마인지 보고, 그 금액을 12등분해 매월 그만큼씩을 적립해나가는 거죠. 가령 작년에 낸 종합소득세가 360만 원이었다면 매달 30만 원씩 붓는 적금통장을 마련해 납입하세요. 그렇게 12개월을 보내고 나면 종합소득세 납부 시기가 다가와도 여유롭게 대응할 수 있을 겁니다.

늘어난 현금으로 투자 기회 잡기

자본통장의 총액이 안정적으로 늘어나면 사장님은 투자금 회수를 첫 번째 목표로 잡아야 합니다. 투자금을 전부 회수한 후에는 2호점 오픈, 매장 확장, 새로운 사업 진출 같은 미래 투자를 고민하세요. 또한 가게와는 별도로 돈이 돈을 버는 시스템 자산에 투자해보세요. 예금, 주식, 부동산처럼 자동으로 수익을 창출하는 자산에 투자하면, 사장님이 직접 일하지 않아도 수익을 얻을 수 있습니다. 부동산이나 주식에 관심이 있다면, 관련 강의를 듣거나 신뢰할 수 있는 책을 참고해보세요. 일례로, 사경인 회계사의 《진짜 부자 가짜 부자》는 많은 투자 인사이트를 얻을 수 있는 좋은 책입니다.

현금은 가게의 심장이자 피입니다. 현금을 철저히 관리하고, 불리는 시스템을 만들어보세요. 사장님의 가게는 더 건강하고 안정적으로 성장할 것입니다.

7장

성공하는
사장님이
되기 위한
실전 회계 전략

"성공에 대한 비밀은 따로 존재하지 않는다.
그것은 바로 준비, 근면성,
실패로부터의 배움이다."

– 콜린 파월 Colin Powell

7   회계는 CCTV다

사장님, 가게에 CCTV 설치하셨죠? CCTV는 물건이 잘 팔리고 있는지, 누가 들어오고 나가는지, 도난 사고는 없는지 가게를 한눈에 볼 수 있는 중요한 도구입니다. 그런데요, 가게만큼 중요한 게 하나 더 있습니다. 바로 돈입니다. 사장님은 돈도 CCTV로 감시하고 있나요?

현금흐름을 감시하는 CCTV는 바로 회계입니다. 돈이 어디로 들어오고 어디로 나가는지, 혹시 새고 있는 것은 없는지 실시간으로 보여주는 역할을 하거든요.

한 사장님이 이런 이야기를 하셨어요. "신용카드 대금을 입금해야 하는데 통장에 돈이 없어서 은행에서 빌려서 냈어요." 신용카드 대금 결제일 전에 현금 수입과 지출 현황을 관리하고 있었다면 돈이 부족할지 충분할지 미리 확인해서 대비할 수 있었을 겁니다.

회계라는 CCTV를 켜고 수시로 체크해보세요. "광고비가 너무 높네. 줄여야겠다"라든지, "이 메뉴는 많이 팔리는데 원가가 너무 높아. 개선해야겠어"라는 통찰이 바로 생깁니다.

돈의 흐름을 알고 나면 앞으로 어디에 힘을 더 쏟아야 할지, 어떤 부분을 줄여야 할지 답이 보입니다. 현금흐름의 CCTV를 켜는 순간, 가게의 안전은 물론 성장까지 바라볼 수 있죠.

사장님, 오늘부터 회계라는 CCTV로 돈의 흐름을 감시해보세요. 어디로 들어오고 어디로 나가는지, 숫자가 모든 걸 보여줄 겁니다. 숫자는 거짓말을 하지 않으니까요.

01

회계, 직접 할까?
남에게 맡길까?

회계를 직접 하는 게 나을까요, 아니면 전문가에게 맡기는 게 나을까요? 제 답은 다 알고 계실 겁니다. 맞습니다. 저는 직접 했어요. 그렇지 않았다면 이 책을 쓸 수도 없었겠죠. 물론 지금은 규모가 커져서 전문가에게 맡기고 있습니다.

전문가에게 회계를 맡길 때의 장점

회계사나 세무사 같은 전문가에게 맡기면 번거로움을 덜 수 있습니다. 하지만 회계를 전혀 모른 채 맡기면 장부 기록과 세금 신고만 처리될 뿐입니다. 반면 회계를 조금이라도 이해하고 있다면 더 풍성한 정보를 얻고, 더 나은 서비스를 받을 수 있죠. 그러니 전문가에게 맡기더라도 질문하고, 법이 변경되었다면 확인하며 적극적으로 상담하세요. 단, 중요한 건 사무소 직원이 아니라 가게를 담당하는 전문가와 직접 소통하는 겁니다.

직접 회계를 할 때의 장점

직접 회계를 한다는 건 장부를 기록하고, 이를 기반으로 부가세와 순이익을 계산해 세금을 신고하고 납부한다는 뜻입니다. 장부 기록은 생각보다 간단합니다. 오늘 번 돈과 쓴 돈, 입금된 현금과 출금된 현금을 매일 기록하면 됩니다. 문제는 세금 신고인데, 잘못하면 가산세를 내거나 불필요한 세금을 납부할 수 있다는 두려움이 있죠.

하지만 작은 가게를 운영 중이라면 회계를 직접 해보길 권합니다. 회계 시스템을 만들고 장부를 기록하는 건 생각보다 쉽습니다. 세금 신고는 국세청의 홈택스를 이용하면 되는데, 처음엔 복잡해 보여도 몇 번 해보면 익숙해집니다. 신고서를 작성한 뒤, 지역 세무서에 방문해 공무원의 확인을 받으면 안심할 수 있죠. 직접 회계를 할 경우의 장점들을 좀 더 자세히 살펴볼까요?

- 비용 절감: 전문가에게 기장(장부작성)을 맡기면 적게는 월 5만 원에서 많게는 15만 원이 들어갑니다. 연간으로 계산하면 적게는 60만 원에서 많게는 180만 원이 듭니다. 또 세금신고 기간에는 신고대행수수료가 별도로 발생합니다. 예를 들어 종합소득세 신고라면(신고금액에 따라 다르겠지만) 20만 원에서 100만 원 정도의 수수료가 발생할 수 있습니다. 이 수수료를 지불하기 위해선 최소 그 열 배 이상의 돈을 매출로 올려야 하죠. 하지만 전문가에게 맡기지 않고 직접 처리하면 그 돈이 그대로 이익으로 남아 사장님의 통장에 들어옵니다.
- 시간 경영: 직접 장부를 기록하면 가게의 손익과 현금흐름을 실시간으로 파악할 수 있습니다. 큰 지출이 예상되는 시기에 대비하고, 세금 신고도 미리 준비할 수 있습니다. 전문가에게 맡기면 세금 신고 시점에 결과만 통보받지만요.
- 세금 이해와 절세: 직접 세금 신고를 하면 세금의 무게와 구조를 이해하게 됩니다. 그러면서 자연스럽게 절세 방안을 찾게 되죠. 다이어트를 위해 식단을 기록하듯, 회계를 직접 하면 지출을 꼼꼼히 관리하게 되고 결과적으로 더욱 효과적인 가게 운영이 가능해집니다.

회계를 직접 하면 가게 경영이 명확해지고 더 나은 결정을 내릴 수 있습니다. 이제 막 가게를 오픈했거나 규모가 작다면 직접 해보는 걸 추천드립니다.

그럼에도 전문가에게 맡기고 싶다면 김인화 세무사의 《세무사 사용 설명서》를 읽어보세요. 전문가와 잘 협력하는 방법과 유용한 팁을 얻을 수 있을 겁니다.

02

장사,
아는 만큼 잘한다

　가게를 운영한다면 반드시 등록해야 할 학교가 있습니다. 바로 배민아카데미입니다. 이곳은 배달의민족과 배민라이더스를 운영하는 (주)우아한형제들이 사장님들을 위해 마련한 교육 플랫폼입니다. 처음에는 광고주만 이용할 수 있었지만, 이제는 광고주가 아니더라도 참여할 수 있는 강연들이 열리고 있습니다.

　'장사하는 데 무슨 학교까지 필요해?'라고 생각할 수도 있습니다. 하지만 장사는 아는 만큼 잘되는 법입니다. 배민아카데미는 경영 능력을 키우는 최고의 배움터이자 사장님들의 성장 파트너입니다.

배민아카데미, 왜 꼭 들어야 할까?

　수많은 사장님들이 매달 배민아카데미에 모여 강의를 듣습니

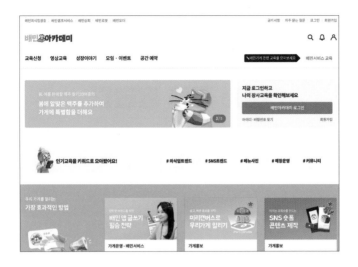

다. 이미 성공적으로 자리 잡은 사장님들조차 빠지지 않고 출석하는 곳이죠. 배민아카데미의 가장 큰 장점은 강의를 들을 수 있을 뿐만 아니라 다른 사장님들과 교류도 할 수 있다는 것입니다.

가게를 운영하다 보면 외로움을 느낄 때가 많습니다. 문제를 털어놓을 사람도, 도움을 받을 사람도 없는 것 같아 답답하죠. 배민아카데미는 이런 외로움을 해소하는 소통의 장입니다. 같은 고민을 나누고, 선배와 멘토를 만나며 함께 성장할 수 있는 기회를 제공하죠.

저 역시 매달 빠지지 않고 출석하는 배민아카데미 개근생입니다. 성공을 거둔 사장님과 이곳에서 만나 대화를 나누며 귀중한 노하우를 배웠고, 지금도 강연장이나 SNS를 통해 지속적으로 교류하고 있습니다. 배민아카데미를 홍보하는 배민프렌즈 2기로 활동하기도 했고요.

온오프라인으로 제공되는 고품질 교육

배민아카데미는 메뉴 개발, 회계, 세무, 노무, 마케팅 등 가게 운영에 필요한 모든 강의를 제공합니다. 특히 이미 성공한 사장님들의 생생한 노하우를 들을 수 있는 기회는 그 무엇과도 바꿀 수 없죠. 저는 강사로 활동하면서도 이 교육을 들을 때마다 감탄합니다. '이런 퀄리티의 교육을 들을 수 있다니 대단하다!'라는 생각이 절로 들거든요.

배민아카데미는 현재 서울센터, 경기센터에서 교육이 열리고, 지방 출장 교육도 진행하고 있습니다. 온라인사이트에서 인터넷 강의도 제공되니 언제 어디서나 고품질 교육에 참여할 수 있습니다. 예비 사장님부터 운영 중인 사장님까지, 배민아카데미는 모두에게 꼭 필요한 배움터입니다.

추천하는 필수 강의

다음은 제가 배민아카데미에서 빠지지 않고 듣는 강의들입니다. 사장님들께도 큰 도움이 될 것이기에 추천합니다.

- 사장님 특강: 성공한 사장님들의 실전 노하우를 들을 수 있는 강의
- 온라인 마케팅 실전 강의: 블로그 작성법, SNS 활용법 등을 실습하며 배우는 강의
- 개정된 세법과 근로기준법 강의: 최신 법률을 이해하고 사업

에 적용할 수 있도록 도와주는 강의

오프라인 강의장에 직접 가는 것이 어려워도 걱정하지 마세요. 배민아카데미 사이트(https://academy.baemin.com)에서 온라인 교육을 신청해 들을 수 있으니까요. 쉴 때마다 시청하며 배움을 이어가보세요.

더 큰 도약을 위한
현명한 자금 조달 방법

가게 운영이 안정적으로 자리잡고 목표 매출을 달성하는 시점이 오면, 사장님들은 자연스럽게 다음 단계로 나아갈 방법을 고민하게 됩니다. 매장을 확장하거나 설비 투자를 통해 더 큰 성장을 꿈꾸는 순간이죠.

가장 이상적인 방법은 지금까지 번 돈으로 투자금을 회수하고 남은 잉여현금을 활용하는 겁니다. 하지만 현실적으로 투자금을 다 회수하기 전에 자금이 필요할 때도 있습니다. 이럴 때는 현명한 자금 조달이 필수입니다.

어디서 돈을 빌릴까?

대부분의 사람들이 자금 조달을 떠올리면 MF대출(일명 마더파더대출), 즉 엄마아빠로부터 빌리는 돈이나 은행 대출부터 생각합

니다. 하지만 그전에 꼭 신용보증재단이나 소상공인진흥공단 사이트를 확인하세요. 저도 매장 확장과 설비 투자 때문에 고민하던 시절, 이곳에서 큰 도움을 받았습니다.

제 경험을 하나 공유할게요. 어느 날 제가 운영하던 매장 바로 옆 가게가 폐업을 하자 건물주가 매장 확장을 제안했습니다. 임차료와 매출 대비 비율을 따져본 후 좋은 조건으로 협상을 마쳤죠. 문제는 자금이었는데 그때 알게 된 곳이 바로 신용보증재단입니다.

신용보증재단, 알고 나면 자금 조달이 쉬워진다

신용보증재단은 낮은 금리로 대출받을 수 있는 통로를 제공합니다. 단, 가게가 위치한 지역의 신용보증재단에서만 가능하다는 점에 유의하세요. 저처럼 타 지역의 신용보증재단으로 잘못 방문했다가 시간을 낭비하지 않으려면 말이죠. 예약을 하면 더 편리하게 상담받을 수 있습니다.

신용보증재단 담당자는 우리 가게에 맞는 대출 상품을 제게 안내해주었습니다. 낮은 문턱과 친절한 설명 덕분에 예상보다 훨씬 수월하게 자금을 조달할 수 있었죠. 특히 신용보증재단에서는 무료 컨설팅도 제공해줍니다. 경영, 마케팅, 설비 개선 등 맞춤 솔루션을 제공하며, 최대 6개월 동안 전문가가 가게를 직접 방문해 도움을 줍니다.

소상공인 동행프로젝트: 숨겨진 보물

신용보증재단에서 안내받은 '소상공인 동행프로젝트'는 제게 큰 전환점이 되었습니다. 이 프로젝트는 전문가의 컨설팅과 함께 최대 500만 원(자기 부담금 20%)까지 지원금을 제공합니다. 시설 개선, 마케팅, 경영 개선 등 사업의 핵심 부분에 투자할 수 있는 돈이죠.

프로젝트에 참여하려면 서류 및 면접 전형을 통과해야 합니다. 저는 서류를 꼼꼼히 준비했고, 면접에서 가게 상황과 계획을 구체적으로 설명해 운 좋게 합격했습니다. 그 덕에 전문가들의 도움을 받아 매출이 30%나 증가했고요. 지원금으로는 냉장고와 키오스크 무인 계산기를 구입하고, 멤버십 마케팅을 도입해 매장 운영의 효율을 크게 높일 수 있었습니다.

프로젝트 참여, 그 이상의 가치를 얻다

이 프로젝트의 진짜 핵심은 자금 지원이 아닌, 전문가의 맞춤

컨설팅입니다. 컨설턴트 세 분이 제 가게를 방문해 손님의 관점에서 문제점을 분석하고, 실행 가능한 아이디어를 제안해주셨죠. 그 결과 저는 매장 확대 없이도 효율성을 높이고 매출을 증대할 수 있었습니다. 이후에도 정기적으로 매장 상태를 확인받음은 물론 다양한 지원 프로젝트도 소개받고 있습니다.

사족이지만, 그때 건물주의 말대로 매장을 확장했더라면 큰일 날 뻔했습니다. 그 후 코로나19 팬데믹이 왔으니까요.

그 외에 도움을 받을 수 있는 곳

신용보증재단 외의 기관들로부터도 도움을 받을 수 있습니다. 자금 조달을 고려한다면, 다음 기관들의 프로그램을 꼭 확인해보세요.

- 소상공인진흥공단
- 중소벤처기업부
- 신용보증기금
- 기술보증기금
- 지역별 소상공인 지원 프로그램

04

번 만큼 내는 세금,
제대로 알고 대처하기

사장님, 이렇게 외쳐보세요.

"세금은 번 만큼 낸다."

"세금은 쓴 만큼 낸다."

이 두 문장은 세금의 본질을 꿰뚫는 진리입니다. 내가 벌고 쓴 만큼 세금을 내는 것이니까, 불필요한 아까움이나 억울함도 덜해 질 겁니다. 세금은 피할 수 없지만, 잘 이해하면 사업 운영의 방향을 잡는 데 큰 도움이 됩니다.

사업자가 꼭 알아야 할 세 가지 세금

세금의 핵심은 딱 세 가지로 요약됩니다. 원천세, 부가가치세, 종합소득세. 줄여서 '원부종'이라고 기억하세요. 각각의 세금이 어떻게 운영되는지 알아볼까요?

세금의 종류와 1년 세금신고 캘린더

분류		1분기	2분기	3분기	4분기
원천세		매달 10일			
부가가치세	일반과세	모아서 7월 25일		모아서 1월 25일	
	간이과세	모아서 1월 25일			
종합소득세		5월 납부		11월 중간예납	

원천세

원천세는 직원이나 프리랜서가 내야 할 세금을 대신 떼어 매달 국가에 납부하는 것입니다. 정규직 근로자의 경우 근로소득세와 주민세가, 프리랜서의 경우 사업소득세와 주민세가 포함됩니다.

원천세를 6개월마다 몰아서 낼 수도 있지만, 저는 매달 내는 것을 추천합니다. 금액도 작고, 무엇보다 내 돈이 아니라 직원이나 프리랜서가 내야 할 돈을 대신 내주는 것이기 때문이죠. 또, 매달 내면 중간에 퇴사자가 생겨도 복잡하게 계산하지 않아도 되니 처리가 간단해집니다.

원천세를 정확히 계산하려면 근로소득 간이세액표를 참고하세요. 세금이 발생하지 않는 경우라도 홈택스에 신고는 해야 합니다. 단, 소득세가 없으면 지방세 신고는 하지 않아도 됩니다.

부가가치세

부가가치세는 매출과 매입을 기준으로 납부합니다. 부가가치세를 구하는 공식은 간단합니다.

$$매출\ 부가세 - 매입\ 부가세 = 납부할\ 부가세$$

예를 들어 6개월간 6000만 원의 매출이 있었다면 매출 부가세는 600만 원입니다. 그런데 다행히 우리는 벌기 위해 사용한 비용의 10%에 해당하는 매입 부가세를 공제받을 수 있습니다. 만약 3000만 원을 사용했다면 매입 부가세는 300만 원, 결과적으로 납부할 금액은 600만 원 - 300만 원 = 300만 원이 됩니다. 이를 매입세액공제라고 부릅니다.

간이과세자는 1년에 1번(1월), 일반과세자는 1년에 2번(1월, 7월) 부가세 신고 및 납부를 합니다. 간이과세자는 이제 막 사업을 시작하거나 세금 낼 형편이 안 되는 사장님이 대상입니다. 그래서 일반과세자보다 부가세를 훨씬 적게 내고 신고도 1년에 한 번이니 혜택이 많아요. 1년 매출을 기준으로 1억 400만 원 미만이면 간이과세자입니다.

종합소득세

종합소득세는 사업자가 번 모든 소득을 기준으로 납부하는 세금입니다. 사업 소득뿐 아니라 이자, 배당, 임대, 연금 등 모든 소득

과세표준	세율	누진공제
14,000,000원 이하	6%	-
14,000,000원 초과 50,000,000원 이하	15%	1,260,000원
50,000,000원 초과 88,000,000원 이하	24%	5,760,000원
88,000,000원 초과 150,000,000원 이하	35%	15,440,000원
150,000,000원 초과 300,000,000원 이하	38%	19,940,000원
300,000,000원 초과 500,000,000원 이하	40%	25,940,000원
500,000,000원 초과 1,000,000,000원 이하	42%	35,940,000원
1,000,000,000원 초과	45%	65,940,000원

을 합산해 과세하죠.

종합소득세율은 남은 수익(=과세표준)을 기준으로 적용됩니다. 과세표준이 2000만 원인 경우를 예로 들어보죠.

- 과세표준 구간 확인:

  과세표준 2000만 원은 1400만 원 초과 ~ 5000만 원 이하 구간에 해당합니다.
- 세율 및 누진공제액 적용:

  세율 15%, 누진공제액 126만 원
- 세액 계산:

  (과세표준 × 세율) - 누진공제액 = 세액

  (20,000,000원 × 15%) - 1,260,000원 = 1,740,000원

따라서 산출세액은 174만 원입니다. 여기에 지방소득세(소득세의 10%) 17만 4000원을 추가로 납부해야 하고요.

개인사업자와 법인사업자의 세금 차이

세금 부담이 커지면 개인사업자에서 법인사업자로 전환할까를 고민하게 됩니다. 두 사업 형태는 세율뿐 아니라 소득의 귀속 방식에도 큰 차이가 있습니다.

개인사업자의 경우 사업 소득은 전부 개인의 수입으로 귀속됩니다. 회사와 내가 동일한 존재이기 때문에, 모든 수입이 내 소득으로 간주되죠. 반면 법인사업자는 다릅니다. 법인은 독립된 회사이기 때문에 아무리 대표라도 월급을 받는 직원일 뿐입니다. 법인소득에 손을 대는 것도 범법 행위에 해당하고요.

세율 측면에서도 큰 차이가 있습니다. 개인사업자에게는 소득세와 지방소득세를 합쳐 최고 49.5%까지 부과될 수 있지만, 법인은 최고 24.2%로 제한됩니다. 그러니 매출과 세금 규모가 커지면 법인으로 전환하는 것이 유리합니다. 하지만 사업 초기부터 법인을 설립하면 많은 비용과 복잡한 절차가 부담스러워질 수 있으니, 개인사업자로 시작해 성장 단계에서 전환을 고려하세요.

다만 그저 세금을 아끼기 위해 법인사업자로 전환하는 것에 대해선 신중하셔야 합니다. 법인사업자로 전환하면 비용 처리 면에서 좀 더 자유롭지만, 결국 세금을 내는 건 같습니다. 제 개인적인 생각으로는, 프랜차이즈를 준비하거나 매각 또는 더 높은 꿈을 꾸고 있을 경우에 법인사업자로 전환하는 편이 좋습니다.

최고의 절세는 '정당하게 내기'

세금 신고를 도와주는 세무 강사들 중 "저희는 다 맞춰드립니다"라고 자랑스럽게 말씀하시는 분들이 간혹 계십니다. 하지만 '맞춘다'는 것은 곧 허위 증빙을 만들어 비용을 부풀리고 세금을 줄이겠다는 뜻입니다. 이런 탈세는 언젠가 문제를 일으킬 수밖에 없죠. 구글에서 '세무 사기'를 검색해보세요. 세무 사기를 신고하는 법부터 피하는 법까지 정말 다양하게 검색될 겁니다.

정당한 세금 납부야말로 최고의 절세입니다. "세금은 번 만큼 내고, 쓴 만큼 낸다"는 진리를 기억하세요. 꼼꼼한 장부 정리와 철저한 증빙 관리로 불필요한 가산세를 막는 것이 가장 현명한 절세 전략입니다.

세금 납부에 짜증내지 마세요. 오히려 투명하게 신고한 자신을 자랑스러워해야 합니다. 사업의 신뢰를 차곡차곡 쌓는 것, 그것이야말로 장기적으로 더 큰 이익을 가져다주는 진짜 절세니까요.

05

초기투자비용과 예상손익

망하는 가게는 시작부터 망한다

'입지가 좋으면 안 망하지 않을까?'

'아이템 선정을 잘하면 성공하지 않을까?'

'잘나가는 프랜차이즈를 선택하면 되지 않을까?'

이런 생각으로 가게를 시작했다면 확실히 망합니다. 좋은 입지와 아이템, 성공적인 프랜차이즈 선택이 가게 운영에 중요한 요소인 건 맞지만, 그것만으로 성공이 보장되지는 않습니다. 가게의 생존 여부는 결국 사장님의 경영 능력에 달려 있습니다. 입지나 아이템, 프랜차이즈만 맹신하며 환상을 품는다면 이미 실패로 가는 길을 걷고 있는 것일지도 모릅니다.

가게 오픈 전부터 망하는 이유

가게를 열기도 전에 실패를 예고하는 가장 큰 원인은 바로 초기

투자비용의 증가입니다.

예를 들어 가게의 초기투자비용을 6470만 원으로 계획했는데 실제로는 7970만 원이 들었다고 가정해봅시다. 1500만 원이 추가로 발생했다는 것은 곧 가게를 열기 전부터 손실이 시작됐다는 뜻입니다.

영업이익률을 10%로 잡으면 이 1500만 원을 메꾸기 위해선 무려 1억 5000만 원의 매출을 올려야 합니다. 월매출 1000만 원을 기록하는 가게라면 15개월이 걸리겠죠. 그동안 사장님은 투자금 회수는커녕 적자 상태에서 허덕일 겁니다.

초기투자비용은 가게의 생존력을 결정짓는 중요한 요소입니다. 그렇기에 예산을 초과하지 않도록 철저히 관리해야 하며, 더 나아가 비용을 줄일 방법은 없는지 고민해야 합니다. 초기비용을 아낀 만큼 가게의 생존 가능성은 높아지고 보다 안정적인 출발을 할 수 있으니까요.

저 역시 초기비용을 초과하지 않기 위해 많은 노력을 했습니다. 특히 인테리어를 준비할 때 담당자께 강하게 요구했죠. "이 예산을 넘길 수 없다"는 입장을 확실히 했고, 덕분에 계획한 범위 내에서 비용을 집행할 수 있었습니다.

하지만 돌이켜봤을 때 더 꼼꼼히 준비했다면 절약 가능한 부분이 있어 아쉽기도 했습니다. 초기투자비용을 줄이고 싶다면, 윤혁진 저자의 책《나는 빚내지 않고 3천만 원으로 장사를 시작했습니다》를 추천합니다.

핑크빛 예상 손익계산서만 믿다간 피눈물 흘린다

많은 사장님들이 가게 오픈 전에 비현실적으로 낙관적인 예상 손익계산서를 작성합니다. 저 역시 그랬고요.

특히 프랜차이즈 본사가 제공하는 손익계산서를 그대로 믿으면 실패를 자초할 가능성이 큽니다. 본사가 제시하는 매출과 이익은 대부분 과장되어 있고, 비용은 과소하게 반영되어 있거든요. 예를 들어 본사가 재료비를 매출의 30%로 계산했다면 실제로는 45%가 될 수도 있습니다.

현실은 더 냉정합니다. 매출 대비 재료비는 보통 40~50%, 임차료와 관리비는 30~40%, 영업이익은 10~20%에 불과합니다. 여기에 세금까지 낸다면 이익은 더 줄어들겠죠? 그러니 본사에서 제시한 손익 자료만 보고 낙관적으로 판단하지 말고 재료비와 고정비는 실제보다 높게, 매출은 실제보다 낮게 잡아야 현실적인 손익계산이 가능합니다.

특히 프랜차이즈 본사가 제시하는 영업이익에는 감가상각비, 세금, 인건비 등이 포함되어 있지 않은 경우가 많습니다. 처음에는 "한 달에 500만 원 남겠네"라며 희망에 부풀지만, 세부 비용을 빼고 나면 실제 영업이익은 최저임금보다 적은 경우도 흔합니다.

그렇다면 어떤 점들에 세세히 신경 써야 할까요? 지금부터 하나씩 알아보겠습니다.

임차계약 기간을 고려해서 투자금 회수 시점을 계산하라

초기투자금을 회수하지 못한다면, 가게 운영은 시작부터 실패에 가깝습니다. 임차계약기간 내에 투자금을 회수할 수 있는지 냉정히 계산해야 합니다. 예상 매출이 손익분기점에 미치지 못하거나 투자금 회수 시점이 지나치게 늦어질 것 같다면, 그 가게는 열지 않는 편이 낫습니다.

냉정한 시뮬레이션으로 현실을 직시하라

가게를 오픈하기 전에 '최악', '보통', '최선'의 시나리오를 각각 만들고 이를 바탕으로 손익계산을 다양하게 시뮬레이션해보세요.

구분		시뮬1(최악)	시뮬2	시뮬3	시뮬4	시뮬5	시뮬6	시뮬7(최선)
매출		13,000,000	15,000,000	16,853,334	18,000,000	20,000,000	22,500,000	25,000,000
비용	재료비	5,850,000	6,750,000	7,584,000	8,100,000	9,000,000	10,125,000	11,250,000
	카드수수료	104,000	120,000	134,827	144,000	160,000	180,000	200,000
	배달수수료	780,000	900,000	1,011,200	1,080,000	1,200,000	1,350,000	1,500,000
	임차료	1,700,000	1,700,000	1,700,000	1,700,000	1,700,000	1,700,000	1,700,000
	관리비	650,000	650,000	650,000	650,000	650,000	650,000	650,000
	공과금	200,000	200,000	200,000	200,000	200,000	200,000	200,000
	인건비	3,300,000	3,300,000	3,300,000	3,300,000	4,000,000	4,000,000	4,000,000
	이자비용	100,000	100,000	100,000	100,000	100,000	100,000	100,000
	예비비	300,000	300,000	300,000	300,000	300,000	300,000	300,000
	(소계)	12,984,000	14,020,000	14,980,027	15,574,000	17,310,000	18,605,000	19,900,000
이익	세전	16,000	980,000	1,873,307	2,426,000	2,690,000	3,895,000	5,100,000
	세금	650,000	750,000	842,667	900,000	1,000,000	1,125,000	1,250,000
	세후	-634,000	230,000	1,030,640	1,526,000	1,690,000	2,770,000	3,850,000

최악의 경우가 되면 얼마나 버틸 수 있을지, 손익분기점 달성이 가능할지, 투자금 회수까지는 어느 정도의 시간이 걸릴지 등을 명확히 파악해야 합니다. 제 경우에는 최악과 최선의 시나리오 사이를 일곱 단계로 나눠서 시뮬레이션을 돌렸습니다.

물론 시뮬레이션이 언제나 현실과 맞는 것은 아닙니다. 그럼에도 냉정한 시뮬레이션은 환상에서 벗어나 현실을 직시하는 도구가 되어줍니다. 가게 운영은 이상적인 상황에서 이루어지지 않죠. 그렇기에 예상 매출이 기대에 못 미친다면 어떤 대책을 세울 것인지 구체적으로 계획하는 게 중요합니다.

실패한 가게에서 배울 점을 발견하라

프랜차이즈 본사가 보여주는 성공 사례보다는 실패한 프랜차이즈 가게를 방문해보세요. 실패의 원인을 분석하면, 그들이 저질렀던 것과 같은 실수를 반복하지 않을 수 있습니다.

뉴욕대학교의 심리학 교수인 가브리엘레 외팅겐Gabriele Oettingen이 진행한 실험에 따르면, 먼 미래는 긍정적으로 보되 가까운 미래는 비관적으로 바라본 그룹이 가장 높은 성과를 냈다고 합니다. 가게 운영에서도 같은 원칙을 적용해보세요.

현실 직시와 철저한 준비가 생존 가능성을 높인다

가게 운영을 환상이나 낙관에 의존해서는 안 됩니다. 초기투자비용을 철저히 관리하고, 예상손익표는 냉철하게 보수적으로 작성하세요. 준비된 자만이 생존할 수 있습니다.

　사장님, 장사에서의 성공은 우연이 아닌 철저한 계획과 실행에서 나옵니다. 환상 대신 현실을 붙잡고, 회계와 경영으로 무장하세요. 그래야 진정한 생존과 성공을 이룰 수 있습니다.

06

성공은
작은 시작에서부터

혹시 '망넛이네'라는 브랜드를 아시나요? '내 몸이 편안한 빵'이라는 슬로건으로 많은 사람들의 사랑을 받고 있는 망넛이네는 우유, 계란, 버터와 같은 특정 재료에 민감하거나 알레르기를 가진 사람들을 위해 건강 재료로 만든 빵을 선보입니다. 대표 제품으로 비건 스콘과 찹쌀루니가 있죠.

저도 우연히 어느 손님으로부터 찹쌀루니를 선물로 받으면서 망넛이네를 알게 되었습니다. 쫀득한 식감과 고소한 맛이 정말 일품이더군요. 궁금한 마음에 인스타그램을 찾아보니 팬층이 엄청났고, 댓글마다 이 빵을 사랑하는 팬들의 열정이 넘쳤습니다. 이 브랜드가 단순한 빵집이 아닌 하나의 비건문화로 자리 잡았음을 느낄 수 있었어요

하지만 지금의 성공이 하루아침에 이루어진 건 아니었습니다.

망넛이네는 2016년 창업 초기, 세 명의 남자가 3평 남짓한 공간에서 시작했습니다. 가정용 오븐기로 빵을 구워 판매하며 힘겨운 시기를 보냈고, 첫해에는 일주일에 주문이 두세 건밖에 없었다고 해요. 그러나 그 작은 시작이 2023년에 이르러선 누적 판매량 600만 개 이상, 누적 매출 160억 원 이상이 되었다고 합니다.

망넛이네가 주는 교훈, 작게 시작하라

망넛이네의 성공에서 가장 중요한 교훈은 바로 '작은 규모로 시작하라'는 것입니다. 초기 투자비용을 최소화하고, 실패했을 때 감당할 수 있는 부담의 크기를 줄인 것이 성공의 발판이 되었으니까요.

그들은 3평 남짓한 공간에서 시작했고, 주문이 늘어나자 설비에 투자하며 규모를 조금씩 확장해갔습니다. 이렇게 단계적으로 성장한 덕에 투자금 회수 기간도 짧아졌고 실패에 대한 두려움도 덜었겠죠. 이 접근 방식은 가게를 오픈하기 전 실전 경험을 충분히 쌓는 것에서 시작됩니다.

작은 시작을 위한 실천 방법

초기투자비용을 줄이려면 제품에 대한 검증의 시간을 가져야 합니다. 우선 주변 지인들로부터 제품 테스트를 받아보세요. 무료로 제품을 나눠주며 맛과 품질에 대한 솔직한 피드백을 받는 겁니다. 그 다음에는 플리마켓에 참가해 직접 판매해보세요. 여기서 고객의 반응을 확인하고 시장성을 검증할 수 있습니다.

온라인 판매를 시작해보는 것도 좋은 방법입니다. 온라인은 가게의 월세나 관리비 같은 고정비 부담이 없기 때문에 제품의 가능성을 테스트하기에 적합한 환경입니다.

망넛이네는 처음부터 고정 매장을 운영하지 않았습니다. 대신, 사무실에서 빵을 만들어 온라인과 방문을 병행하며 판매를 시작했고, 이후에는 백화점 팝업스토어를 통해 오프라인 판매를 실현했죠. 이미 검증된 제품이라 백화점에서도 큰 호응을 얻었고, 초기 비용 부담도 줄일 수 있었습니다.

후회 없는 선택을 위해

솔직히 말해, 저도 처음 가게를 열었을 때 작게 시작해서 성공

경험을 키워나가며 체계적으로 확대하지 못했던 것이 아쉽습니다. 저 역시 "잘될 거야!"라는 막연한 희망만 품고 불속으로 뛰어든 나방 같았죠. 하지만 가게를 운영하면서 '신중한 계획과 검증'의 중요성이 얼마나 큰지를 배울 수 있었습니다.

　만약 지금 막 가게를 시작하려는 단계라면, 다양한 스몰 브랜드의 사례를 벤치마킹해보세요. 그들의 작은 시작이 어떻게 큰 성공으로 이어졌는지 배우고, 여러분의 가게에 맞는 방식으로 적용한다면 더 현명하게 성장할 수 있을 것입니다. 크게 성공하기 위해선 작게 시작해야 합니다.

07

장사를 잘하려면, 책이 답이다

가게 운영에 도움이 될 만한 책들이 있습니다. 그저 한 번 읽는 데 그치지 않고, 가게 운영에 실질적으로 적용해볼 수 있는 내용의 책들이죠. 제가 직접 읽고 적용해본 책들을 여기에 소개합니다. 책 한 권이 가게의 방향을 바꾸고, 매출을 끌어올리는 데 큰 도움을 줄 수도 있습니다.

접객 서비스: 고객을 사로잡는 법

《배려를 파는 가게》, 켄 블랜차드·비키 할시·캐시 커프, 이제용 옮김(한국경제신문사, 2017)

매출은 곧 고객 수와 직결됩니다. 그렇다면 어떻게 해야 고객이 자주 방문하게 만들 수 있을까요? 이 고민에 답을 준 책이 바로 《배려를 파는 가게》입니다. 이 책은 고객과의 관계 형성을 중요하게 생각하며, 고객을 사로잡는 법칙을 제시합니다.

사소한 배려가 고객과의 관계를 특별하게 만듭니다. 저는 이 책을 읽고 우리 가게만의 접객 매뉴얼을 만들었습니다. 여러분도 이 책을 통해 고객과 더 깊은 관계를 맺는 방법을 배우실 수 있을 겁니다.

매뉴얼: 가게 운영의 기본

《사업의 철학》, 마이클 거버, 이제용 옮김(라이팅하우스, 2015)

우리 가게에는 정말 일 잘하는 직원이 있었습니다. 역대 최고의 매출도 그 직원이 있을 때 기록되었죠. 그런데 그 직원에게 너무 의존했던 나머지, 그가 떠나자 가게가 흔들리더군요.

이 책은 가게 운영에 필요한 체계적 시스템의 중요성을 깨닫게 해줍니다. 특히 '내가 없어도 돌아가는 사업'을 만드는 방법과 매뉴얼의 가치를 강조하죠. 직원 의존에서 벗어나 시스템 중심으로 전환해 경영 안정성을 높일 수 있었던 경험이 이 책을 통해 다시금 와닿았습니다. 사업에 대한 새로운 시각과 구체적인 실행법을 알려주는 필독서입니다.

가게 운영 시스템: 효율적으로 운영하기

《내 가게로 퇴근합니다》, 이정훈(한빛미디어, 2016)

"사장이 없어도 가게가 잘 돌아갈 수 있을까?"라는 질문에 답을 주는 책입니다. 저는 직원 중심으로 돌아가는 가게를 꿈꿨기에 이 책에서 많은 영감을 받았습니다.

특히 매출지표를 활용해 투명하게 만든 인센티브 체계가 눈에 띄는 팁이었습니다. 이익을 기준으로 한 인센티브는 직원에게 투명하지 않지만, 매출은 누구나 포스기로 확인할 수 있습니다. 직원들은 포스기를 보며 목표 달성을 확인하고, 더 적극적으로 일하게 됩니다. 가게 운영을 체계적으로 관리하고 싶다면 꼭 읽어보세요.

회계: 돈 관리가 곧 장사다

《회계학 콘서트 4: 비용 절감편》, 하야시 아츠무, 오시연 옮김(한국경제신문사, 2018)

'회계학 콘서트' 시리즈 중 가장 실질적인 도움을 주는 책입니다. 쇠락하는 레스토랑을 회계적인 관점에서 되살리는 이야기를 다루며, 현실에서 만나는 문제들을 어떻게 회계 지식으로 해결할 수 있는지 보여줍니다. 숫자만 계산하는 것이 아니라, 현장에 적용 가능한 스킬과 사고방식을 배울 수 있습니다.

《직장인이여 회계하라》, 윤정용(위즈덤하우스, 2023)

제가 직접 집필한 회계 기초서입니다. 회계를 전공한 사람이 아니어도 이해할 수 있도록 쉽게 풀어 썼죠. 이 책의 장점은 재무제표 읽기와 같은 실질적인 회계 활용법을 배울 수 있다는 점입니다. 어떤 독자분들은 이 책을 읽고 회계관리 2급 자격증에 도전해 합격했다는 소식을 전해주셨습니다. 직장인뿐 아니라 회계를 처음 시작하는 사장님께도 추천합니다.

장사에서 비즈니스로 성장하는 독서모임, 장비클럽

책 한 권은 장사에 대한 생각을 바꾸고, 매장을 성장시키는 계기가 되기도 합니다. 고객 서비스, 매뉴얼 작성, 운영 시스템, 회계관리 등 다양한 분야에서 이미 길을 닦아놓은 책들이 세상에는 많습니다. 그런 책들에서 배운 내용을 가게에 적용한다면, 매출은 물론 운영의 효율성까지 높아질 것입니다. 장사는 아는 만큼 잘할 수 있으니까요.

장사하기 바쁜데 책까지 읽으려니 너무 힘들다고 하시는 분들이 있습니다. 그런 분들에게는 책을 함께 읽고 토론하는 독서모임에 참여하는 것을 추천합니다. 저는 현재 '장사에서 비즈니스로 성장하는 독서클럽'을 운영하고 있습니다. 줄여서 '장비클럽'이라 부르죠.

장비클럽은 사업을 운영하는 사장님들이 책, 강의, 네트워크를 통해 성장하는 독서모임입니다. 여기에선 매달 한 권의 책을 읽고, 전문가 강연과 실무 강의를 통해 얻은 지식과 인사이트를 곧바로 사업에 적용해볼 수 있도록 돕습니다. 또한, 사장님들 간의 교류로 강력한 네트워크도 형성할 수 있고요. 초기 사업 단계에 있거나, 혼자가 아닌 함께 성장하고 싶은 사장님들께 추천드립니다.

장비클럽 오픈채팅방 접속 QR코드

08

돈 걱정 없는 현재와 미래를 위해 플랜 B 준비하기

플랜 B, 마련되어 있습니까?

많은 사장님들과 이야기하다 보면 현재에 충실하게 살고 계신다는 걸 느낍니다. 하지만 지금의 상태가 계속될 거라는 낙관적인 생각으로 미래에 대한 준비를 놓치고 있는 분들도 많습니다.

만약 사장님이 갑자기 아프다면 가게는 어떻게 될까요? 혼자 운영하는 가게라면 문을 닫아야 하거나 가족이 대신 나와야 할 수도 있습니다.

또 지금은 손님이 많아 장사가 잘되지만 예상치 못한 위기, 예를 들어 경제불황, 글로벌 금융위기, 팬데믹이 또다시 닥친다면 어떻게 하시겠어요? 직장인은 급여라도 나오지만 자영업자는 가게 문을 닫는 순간 수입이 제로가 됩니다. 그렇지만 어떻게든 가게를 유지하려 하면 대출금 이자, 밀린 재료비 등 갚아야 할 돈이 쌓이죠. 그래서 우리는 반드시 플랜 B를 준비해야 합니다.

비상금을 먼저 마련하자!

우선 비상금부터 준비하세요. 월소득이 300만 원이면 그것의 세 배인 900만 원에서부터 여섯 배인 1800만 원까지 가능한 만큼 비상금을 만드셔야 합니다. 사장님이 최소 3개월에서 6개월 동안 아무 일 하지 않아도 될 만큼 말이죠.

저는 강의를 주업으로 하는데 팔이 부러진 탓에 모든 강의가 취소된 적이 있습니다. 그러고 나니 얼마 지나지 않아 통장 잔액이 0원으로 찍히더군요. 그래도 걱정 없었습니다. 비상금이 넉넉하게 있었기 때문입니다. 당시에는 아내도 육아휴직 중이어서 부부 모두가 수입 한푼 없었지만, 그럼에도 미리 준비해둔 비상금 덕에 그 시기를 잘 견뎌낼 수 있었습니다.

반드시 필요한 개인연금, 연금저축펀드와 IRP

직장인들에게는 '3층 연금 구조'를 쌓을 기회가 있습니다. 우선 어떤 회사에서 1년 이상을 근무하면 회사가 퇴직금을 쌓아주죠. 그 돈은 자신이 퇴직할 때 한 번에 다 받을 수도 있고, 나이 들어 연금으로 받을 수도 있습니다. 여기에 자신이 그간 납부해온 국민연금과 개인연금까지 더하면, 죽을 때까지 따박따박 세 군데에서 연금이 나오는 구조가 자동으로 세팅됩니다.

그런데 사장님들에겐 이렇게 자동 세팅되는 연금이 없어서, 조금 번거롭더라도 직접 챙겨야 합니다. 다행인 것은 그런 구조를 만들 수 있는 연금 상품들이 존재한다는 사실이고요. 대표적인 것이 연금저축과 IRP(개인형 퇴직연금)이죠.

연금저축과 IRP는 나라에서 적극 밀어주는 개인연금입니다. 얼마나 적극적인지, 우리가 내야 할 세금까지도 대놓고 깎아주죠. 소득금액이 4500만 원 이하면 납입 연금액의 16.5%에 대해, 4500만 원을 초과하면 13.2%에 대해 세액을 공제해줍니다. 연금납입 한도가 900만 원이니 소득에 따라 매년 적게는 118만 8000원에서 많게는 148만 5000원까지 아낄 수 있는 겁니다. 이런 혜택은 더 늘어날 수 있습니다.

연금저축의 대표적인 예로는 은행에서 가입하는 연금저축신탁, 보험사에서 가입하는 연금저축보험이 있습니다. 제가 추천하는 것은 증권사에서 가입하는 연금저축펀드입니다. 연금저축신탁은 수익률이 낮고, 연금저축보험은 사업비를 많이 떼어가기 때문입니다.

종합소득금액	세액공제율	세액공제 대상 금액	최대 환급 세액
4500만 원 이하	16.5%	900만 원 (600만 원)	148만 5000원 (99만 원)
4500만 원 초과	13.2%	900만 원 (600만 원)	118만 8000원 (79만 2000원)

특히 연금저축펀드를 추천하는 이유는 사장님이 직접 펀드를 운용하면서 투자를 통해 납입 금액을 키워나갈 수 있어서입니다. 이 계좌에서 발생하는 모든 수익에는 세금이 붙지 않습니다. 수익도 나고 세금도 안 내니 눈덩이처럼 불어나겠죠? 이렇게 차근차근 굴리다가 55세 이후부터 연금을 받으시면 됩니다. 연금을 받기 시작하면 연금소득세를 3.3~5.5%를 내고요. 연금저축펀드는 연간 600만 원 한도 내에서, IRP는 900만 원 한도 내에서 세액공제를 받을 수 있습니다.

개인적으로 저는 '연금저축펀드 600만 원 + IRP 300만 원'으로 연간 900만 원 한도 내에서 세액공제를 꽉꽉 채워 받는 걸 추천합니다. IRP 납입 금액을 적게 잡은 이유는 연금저축펀드와 달리 IRP는 해지하지 않는 한 중도인출이 굉장히 어렵고, 중도해지하면 그동안 받은 세금 혜택을 뱉어내야 하기 때문입니다. 이와 달리 연금저축펀드는 융통성이 있습니다. 현금에 여유가 있으시다면 노란우산공제까지 하시는 것도 좋겠죠? 뒤에서 말씀드리겠지만 세액공제와 소득공제를 모두 받을 수 있으니까요.

나이가 좀 있으시고 은퇴 시기가 눈 앞이라면 연간납입한도 1800만 원을 꽉 채우는 것도 좋습니다. '연금저축펀드 1500만 원 + IRP 300만 원'을 매년 납입하는 겁니다. 이렇게 하면 900만 원 세액공제 혜택도 받고, 투자하면서 얻는 수익에 대해서 비과세 혜택도 받을 수 있습니다.

어떻게 연금자금을 굴릴까?

연금 상품에 납입해 세액공제를 받았다면 그다음으로 중요한 건 나머지 돈을 어떻게 굴리느냐 하는 것입니다. 이럴 때 알맞은 상품으로는 연금을 자동으로 운용해주는 TDF가 있습니다. TDF 는 'target date fund', 즉 목표 시점에 맞춰 투자 자산을 조정해가 며 운용되는 펀드라는 뜻입니다.

TDF 상품들의 명칭을 보면 뒷부분에 '2045'나 '2055'와 같은 식으로 숫자가 적혀 있는데, 이 숫자들은 '2045년 은퇴자용'이나 '2055년 은퇴자용'의 뜻이라 생각하시면 됩니다. 즉, 그 시기까지 운용되는 펀드인 셈이죠. 그러니 우선은 사장님이 은퇴하실 시기 를 생각해보고, 그 시기에 맞는 TDF 상품을 선택하세요. 그러면 사장님의 연령과 선택 시기에 맞게, 투자 자산을 공격적 혹은 안정 적으로 자동 운용해줄 겁니다.

만약 수익을 좀 더 높이고 싶다면 김성일 작가의 책《마법의 연 금 굴리기》를 읽어보세요. 저 역시 이 책에서 제시한 포트폴리오 를 참고해 자산을 운용하고 있습니다. 주식, 채권, 금, 현금 등 여러 자산군에 자산을 배분해 투자 중이죠. 현재까지 7~8%의 연평균 수익률을 기록하고 있어 만족스럽습니다.

여유 현금이 있다면 노란우산공제를 챙기자!

노란우산공제에 가입하면 매달 5만 원부터 100만 원까지 저축 하고, 종합소득세 신고 기간에 이 금액을 신고해 소득공제를 받을 수 있습니다. 소득공제라는 건 세금을 부과할 때 기준으로 잡는 소득금액에서 해당 저축금액을 직접 빼준다는 뜻이죠.

가령 사업소득금액이 4000만 원 이하이고 노란우산공제에 저축해둔 금액이 500만 원이라면, 4000만 원에서 500만 원을 뺀 3500만 원에 대해서만 세금이 매겨지는 것입니다. 표에서 보듯, 소득세율이 16.5%라면 82만 5000원의 세금 감면을 받는 셈이죠.

노란우산공제의 이러한 소득공제 혜택은 사장님의 소득이 1억 원일 때 가장 크게 받을 수 있습니다. 1억 원의 소득을 올리면 소득세율이 높은 구간에 진입해 세금도 많이 잡히는데, 만약 노란우산공제에 저축해둔 돈이 있다면 그 액수(소득금액 4000만~1억 원일 경우 최대 300만 원)를 차감한 나머지 소득에 대해서만 세금이 매겨지기 때문입니다. 아래 표에서 보듯, 최대 115만 5000원 정도의 세금을 아낄 수 있는 것이죠.

종합소득금액	소득공제 한도	예상 세율	절세 금액
4000만 원 이하	500만 원	6.6% ~ 16.5%	33만 ~ 82만 5000원
4000만 ~ 1억 원	300만 원	16.5% ~ 38.5%	49만 4000 ~ 115만 5000원
1억 원 초과	200만 원	38.5% ~ 49.5%	77만 ~ 99만 원

노란우산공제는 10년 이상 납입하면 그간의 저축금액을 60세 이후에 원하는 기간에 따라 연금처럼 분할해 수령할 수도 있습니다. 폐업 시에 일시금으로도 받을 수 있고요. 그에 더해 노란우산공제에 납입한 돈에는 압류나 양도, 담보 제공이 불가하다는 장점도 있습니다. 덧붙이자면 가입자들은 노란우산공제의 복지 서비스도 이용할 수 있으니 참고하세요.

노란우산공제는 이렇듯 소득에서 저축액을 뺀 뒤 세금을 매기는 것이지만, 연금저축과 IRP는 납부할 세금에서 일정 부분을 깎아주는 거라 효과가 더 큽니다. 그래서 우선은 연금저축과 IRP에 가입을 하시고, 노란우산공제는 현금에 여유가 있을 때 선택하는 편이 좋습니다. 연금저축펀드와 IRP 그리고 노란우산공제까지 모두 갖춘다면 '돈 걱정 없는 미래'를 준비하는, 사장님만의 플랜 B를 만드실 수 있을 겁니다.

나가며

가게를 운영하는
모든 사장님에게

자영업이란 언제나 힘겨운 길이었습니다. 지금은 극한직업이라는 이름이 붙을 정도로 더더욱 고된 현실이 되었죠. 문제는 자영업자가 너무 많다는 데 있습니다. 통계를 보면 더 실감이 나죠. 취업자 대비 자영업자 비율을 살펴보면 미국은 6.3%, 일본은 9.8%인 반면 한국은 19.6%에 달합니다. 일본의 두 배, 미국의 세 배가 넘는 수치죠. 이 말은 곧, 한국에서 자영업을 하는 것이 미국이나 일본에서보다 두세 배 더 치열하다는 뜻입니다.

미국에서는 93명의 근로자가 자영업자의 가게 일곱 곳에서 소비를 하고, 일본에서는 90명의 근로자가 자영업자의 가게 열 곳을 찾습니다. 그런데 한국에서는 80명의 근로자가 스무 곳의 자영업자 가게에서 소비를 해야 합니다. 작은 파이를 더 많은 사람이 나눠 먹어야 하니, 경쟁이 얼마나 치열할지 짐작이 가실 겁니다.

이런 상황임에도 긍정적인 흐름은 있습니다. IMF 이후 자영업자 비율이 조금씩 하락하고 있습니다. 2024년은 통계 작성이 시작된 1966년 이후 가장 낮은 수치라는군요. 그런데 고용시장이 성장하고, 취업을 통해 안정된 생활을 이어가는 사람들이 늘어나서 이렇게 줄어든 거라면 얼마나 좋겠습니까. 사실은 경제가 좋지 않아 자영업자 폐업이 급증하고 있기 때문에 이런 수치가 나온 겁니다. 하지만 자영업자의 수가 줄어들면, 남아 있는 자영업자들은 더 높은 수익을 거둘 가능성이 커집니다. 만약 일본처럼 자영업자 비율이 10%대로 내려간다면, 자영업을 '지옥으로 가는 급행열차'라 비하하는 표현도 점차 사라질 것입니다.

어떤 어려움이 닥쳐도 존경받을 때까지 버텨야 합니다. 버티다 보면 반드시 좋은 날이 찾아옵니다. 어떤 서퍼도 파도 없이는 서핑을 할 수 없습니다. 뛰어난 서퍼일수록 큰 파도가 올 때까지 기다리고 또 기다립니다. 사장님도 그렇게 기다리며 버텨보세요. 이 책을 통해 배우고 만든 회계와 회계 시스템은 사장님들이 이 시간을 버티는 데 큰 힘이 될 겁니다.

영화 〈극한직업〉의 대사가 떠오릅니다.

"네가 소상공인을 잘 모르나 본데 우린 원래 다 목숨 걸고 해."

하지만 이제는 목숨 걸지 마세요. 그리고 회계하세요. 회계 시스템 덕분에 저는 생존할 수 있었습니다. 사장님도 충분히 해낼 수 있습니다.

감사의 마음을 전하며

이 모든 과정 속에서 저를 이끌어주신 하나님께 깊은 감사의 마음을 올립니다. 제 인생의 주주로서 늘 함께 해주신 하나님이 계시기에 오늘도 희망을 품고 살아갑니다. 그리고 언제나 제 곁에서 힘이 되어준 사랑하는 가족에게도 진심으로 감사를 전합니다. 아내와 딸들의 응원과 믿음이 없었다면 지금의 제가 있을 수 없었을 것입니다.

대한민국 모든 사장님들의 건투를 빕니다. 우리가 함께 이 길을 버티며 나아갈 때, 더 밝은 내일이 찾아올 것입니다.

건강하세요. 그리고 회계하세요!